Cartas a Los Hijos de Dios

¿Dios, me hablas a mí?

Segunda Edición

Teri Fahey

Cartas a Los Hijos de Dios
¿Dios, me hablas a mí?
Segunda Edición

Derechos de Autor © 2023 por Teri Fahey

Paperback ISBN: 978-1-63812-733-8
Ebook ISBN: 978-1-63812-734-5

Todos los derechos reservados. Queda prohibida la producción y transmisión total o parcial de este libro, en cualquier forma o por cualquier medio, electrónico o mecánico, incluyendo fotocopias, grabaciones o cualquier sistema de almacenamiento y recuperación de información, sin el consentimiento por escrito del propietario de los derechos de autor.

Las opiniones que se expresan en esta obra son únicamente las del autor y no reflejan necesariamente los puntos de vista del editor, que por la presente declina toda responsabilidad al respecto.

Publicado por Pen Culture Solutions   05/18/2023

Pen Culture Solutions
1-888-727-7204 (USA)
1-800-950-458 (Australia)
support@penculturesolutions.com

DEDICACIÓN

Este libro está dedicado a todos aquellos que buscan la alegría, la paz y la satisfacción en esta época de cambios sin precedentes en todas las facetas de la vida.

Llegamos aquí a propósito. Disfrutemos juntos de la aventura.

Muchas gracias a mi dulce familia por acompañarme en este viaje, espero que como beneficio en sus propias búsquedas personales.

Muchas gracias a Pen Culture Solutions por ayudarme a hacer realidad esta segunda edición y poder difundir más energía positiva sin límites.

CONTENIDO

Prólogo– Santo o Pecador 1
Capitulo 1–Santo o Pecador 1
Capitulo 2–La Oración de un Niño 4
Capitulo 3–Creciendo 10
Capitulo 4–El Signo de los Tiempos 13
Capitulo 5–Campanas de Boda 18
Capitulo 6–Las Oraciones de la Abuela 22
Capitulo 7–El Recuerdo del Pasado 28
Capitulo 8–Guíanos en el Camino, Por Favor 34
Capitulo 9–Todavía en Busca de Pruebas 41
Capitulo 10–Encontrar a Otros 45
Capitulo 11–Por Mi Cuenta 49
Capitulo 12–Las Preguntas Actuales Han Sido Contestadas 56
Capitulo 13–Un Trabajo que Realmente es Un Juego 58
Capitulo 14–Novedades de la Segunda Edición 60
Capitulo 15–Perdidos en el Espacio 64
Capitulo 16–Todo es Tuyo 67
Referencias 69

PRÓLOGO

Santo o Pecador

¿Acaso no somos todos un poquito de cada cosa? Vinimos a esta vida para divertirnos. Pero no a costa de los demás y de sus sentimientos: la diversión que es creativa y responde a nuevos retos.

Si nos llaman Santos, la gente tratará de ser respetuosa, pero eso no es normal. Si te llaman pecador, la gente tratará de ser demoníaca, y eso crea momentos desagradables. Las etiquetas no son necesarias. Toda la vida de una persona es compleja e interesante. Normalmente, las etiquetas se aplican a un determinado incidente y no abarcan la totalidad. Juzgar no nos favorece a ninguno de nosotros. Debemos ayudarnos unos a otros y rezar unos por otros. Eso es lo que me gusta.

Mucho de mi vida finalmente se ha centrado. Y la única manera de centrarse es tomarse tiempo -mucho tiempo- y dejar que Dios nos explique cómo encaja nuestra pieza en la Obra Maestra.

Muchas y diferentes personas se han dirigido hacia mí. Les cuento mi historia, algunas reciben un mensaje inspirado (Cartas a los hijos de Dios, así las llamo). Siempre es lo que necesitan oír. Lo difícil es que cada persona tiene una reacción diferente. Todavía me cuesta mucho salir a la calle con un mensaje, con mis sentimientos al descubierto: ridiculización o ira... amor o asco... o "no te creo".

Descubrí que hay un nombre para la forma en que he estado rezando: "oración centrada". Probablemente, es solo una versión mía, pero ¿acaso no es eso lo que se supone que debemos hacer con todo lo que aprendemos? ¿Adaptarlo a nuestra propia situación, siempre que tenga una influencia positiva y nos lleve siempre a Dios?

Toda mi vida estuve profundamente unida a la Iglesia católica. El sufrimiento profundo nos lleva al despertar personal y, a veces, a la noche oscura del alma, y luego, con frecuencia, a conversaciones con el Espíritu/la Fuente/Dios. Mi búsqueda me condujo a estudiar a las personas y las razones por las que existen diferentes credos y creencias. ¿Por qué hay divisiones cuando hay un solo Dios? Esta curiosidad me ha llevado a un viaje muy interesante. Algunos temas les resultarán familiares, otros no. Estoy abierta a todos los temas que comparto aquí. ¿Por qué si no se me han presentado?

Cada tema tratado en este libro es algo natural e importante para alguien. No hay nada, ni una sola palabra, que provoque algo que no sea Amor... Respeto eso y pido que ustedes también sean respetuosos, considerados y cariñosos.

En mi interior sé que me estoy preparando para más. Ignoro cuándo, dónde o qué sucederá. Quiero saber cuál es mi cometido, pero cuando me lo digan, será el momento de empezar. Estoy muy dispuesta a hacer mi trabajo, es para lo que nací. En el momento oportuno, así será, y habré recibido una buena formación. Preparada para estar lista...

¿Así es como se sienten en este momento? Millones están rezando por nuestra Madre Tierra y todos sus habitantes. Muchos se despiertan cada día.

Ha llegado mi hora, ha llegado tu hora, ha llegado nuestra hora. Ya no podemos reprimirnos. Despierta, ¿por qué estás aquí en este momento? Nosotros tenemos esto. Cada uno de nosotros ha pasado por cosas monumentalmente difíciles. Cosas increíblemente perfectas siempre vienen después. Juntemos nuestros brazos, mantengamos la cabeza alta y afrontemos el futuro juntos, sabiendo que todo está bien en toda la creación.

Que el despertador suene cuanto antes. Que puedas reconocer la luz del amor dentro de tu corazón. Todas las cosas se volverán una. Todas las cosas serán nuevas. Nuestra nueva Tierra brillará.

Te deseo mucha paz y amor para que llenes tu corazón y tu hogar.

Alice se rio. "Es inútil intentarlo", dijo. "Uno no puede creerse cosas imposibles".

"Me atrevo a decir que no has tenido mucha práctica", dijo la Reina. "Cuando yo tenía tu edad, siempre lo hacía durante media hora al día. Algunas veces creí hasta seis cosas imposibles antes del desayuno".

Lewis Carroll, *Las Aventuras de Alicia en el País de las Maravillas y A Través del Espejo.*

CAPÍTULO 1

La Oración de un Niño

Recibo mensajes de Dios para las personas. Llevo así más de veinte años. Qué raro, ¿no? ¿Te levantas un día y dices: "¡Bueno, este es el trabajo que me gustaría empezar"? ¡Oh, si pudiera ser tan fácil! ¡Ja! Dios es creativo e imprevisible.

Mi historia comienza en el año 1992, cuando mi esposo cerró su trabajo por la compra de una compañía, y nos trasladamos con la nueva compañía fuera del estado. La mudanza fue muy difícil. Nuestra hija tenía nueve años y nuestro hijo cuatro. Cuando llegamos a nuestra nueva ciudad y a nuestro nuevo hogar, nada fue como esperaba o con normalidad. Todo nos resultaba tan extraño que parecía obvio que estábamos en el lugar equivocado y que necesitábamos ayuda para salir de allí.

Al cabo de ocho meses, me arrodillé y recé: "Dios, no puedo criar a mis hijos aquí". Esa noche volví a rezarlo acostada en la cama. Esta vez, oí un fuerte zumbido.

Al día siguiente, mientras fumaba un cigarrillo en el garaje (había vuelto a fumar con el traslado de trabajo), oí una vocecita que decía: "Sacrificio personal".

Dije: "Dejaré de fumar".

Y la voz dijo: "Ven a verme en una semana". Al cabo de una semana, dije: "De acuerdo, ya ha pasado una semana".

La voz dijo: "Prepara la casa (para venderla) y yo me ocuparé de él (mi esposo)".

En una semana mi esposo se quedó sin trabajo. Nos alegramos todos.

Los detalles de nuestra mudanza de regreso transcurrieron sin contratiempos.

Antes de volver a mudarnos a nuestra ciudad natal, le pregunté a Dios si podía hacer algo a cambio.

Me dijo: "Me gustaría que crearas un nuevo grupo de mujeres en tu antigua parroquia".

Le dije: "Pero la Sociedad del Altar y el Rosario existe desde siempre". No hubo respuesta.

"¿Cómo llamamos al nuevo grupo?". No hubo respuesta.

Volvamos atrás. Me educaron como católica romana en los años sesenta. Los conceptos nuevos siempre tardaban bastante en llegar desde las dos costas hasta el Medio Oeste. No fue hasta los años setenta cuando empezamos a vivir la década de los sesenta. A nuestros padres les asustaban las drogas, las protestas (recuerden Kent State) y las revueltas raciales (en la historia tácita de nuestra ciudad desde 1908). Fue una época dura para ser padre e hijo. Pero parece que eso ocurre con cada generación.

Tuvimos el privilegio de recibir clases de hermanas dominicas. En aquella época había muchas hermanas jóvenes, a las que yo personalmente idolatraba. Eran guapas, divertidas y vestían aquellos hábitos blancos, cremosos y velos negros que parecían tan divertidos de llevar. Además, podían convivir con todas sus mejores amigas y no tenían padres que les dijeran lo que tenían que hacer. Además, jugaban con niños todo el día. ¿Qué podría ser mejor que eso?

Ahora, como adulta, pienso: "Vaya, ¿cómo es posible que tantas mujeres vivan bajo un mismo techo y sigan siendo alegres?" Pues bien, en muchos lugares ya no viven encerradas en conventos y pueden abrir sus alas y hacer aquello para lo que nacieron. Así, por ejemplo, una hermana franciscana muy querida pasó su carrera como maestra de segundo grado a través de la universidad en varios estados, y luego a un puesto corporativo enseñando la misión franciscana a los empleados de un sistema de salud. Una de mis queridas amigas es una hermana dominica que trabaja en una reserva Sioux en Dakota del Sur en la Iglesia Católica de Nuestra Señora de los Sioux. Otra de mis amigas dominicas trabajó como voluntaria con el representante de la Conferencia de Liderazgo Dominicano en las Naciones Unidas en Nueva York. Gracias al esfuerzo, sangre, sudor y lágrimas de muchas hermanas, ahora hay opciones disponibles, si así lo eligen. Parece que los años 60 finalmente lo lograron.

Cuando era una niña era devota de la Virgen María y de Santa Teresita de Lisieux. A Teresa la llamaban "la Pequeña Flor" porque juró pasar sus días en el cielo colmando de gracias y bendiciones al mundo, y sus rosas eran su tarjeta de visita. En mi parroquia y en mi escuela había una Pequeña Flor. Como mi nombre de nacimiento era Teresa, mi padre incluso me llamaba su florecilla.

En primavera celebrábamos la Coronación de Mayo, y cada alumno traía una flor de casa (envuelta en una toalla o servilleta húmeda y papel de aluminio para que sobreviviera al camino hasta la escuela) y se la ofrecía a la Virgen en procesión con toda la escuela (más de 800 alumnos). Al final de la procesión, dos alumnas de preescolar llevaban una almohada con una hermosa corona de flores que las hermanas habían tejido con cintas que se agitaban con la brisa. Dos alumnos de octavo coronaron la cabeza de Nuestra Señora (una de las estatuas de María más hermosas que jamás había visto). Ochocientas pequeñas voces cantaron: "Oh María, hoy te coronamos con flores, Reina de los Ángeles, Reina del Mayo".

Yo creaba altares de mayo en casa, con dientes de león amarillos, y rezaba el rosario ante la estatua de Nuestra Señora, para pedir por todas las esperanzas y sueños que los niños pequeños guardan en sus corazones. Normalmente, pedía por la buena salud de mis padres y abuelos y para que mi abuelo, que había fallecido, llegara bien al cielo -el purgatorio todavía se consideraba un lugar de castigo para todos en el viaje al cielo-. En serio.

Una vez, un domingo después de misa, mi madre y su amiga salieron de la iglesia hablando y su amiga dijo: "La lectura de hoy trataba del Libro de Apocalipsis. Ese Libro trata del fin del mundo". A los nueve años, mis oídos se agudizaron. Vaya, ¿Dios ya nos había dicho cómo sería el fin del mundo? Cuando llegué a casa, tomé la Biblia de la familia y subí corriendo a mi habitación. Me tiré en la cama y rápidamente leí el Apocalipsis.

En nuestra Biblia había tantas imágenes hermosas, excepto las de la pasión de Jesús y el fin del mundo. Entonces, hojeé el Apocalipsis. Leí cómo "el gran dragón fue arrojado... o Satanás, el que engaña al mundo entero" (Apocalipsis 12:9), mientras que otros pasajes describían cómo "veía tronos, y a los que estaban sentados en ellos se les daba autoridad para juzgar" (Apocalipsis 20:4), junto con "un cielo nuevo y una tierra nueva" (Apocalipsis 21:1).

Todo parecía una película de ciencia ficción. Si todo aquello iba a suceder realmente algún día, yo quería formar parte de ello. ¿Realmente Dios podía hacer todo lo que predecía el Apocalipsis? Mi joven cerebro pensó que Dios es todopoderoso y fuerte: hizo el mundo, me hizo a mí, básicamente puede hacer cualquier cosa. Sí.

En aquel momento deseé haber nacido como María, la madre de Jesús. Mi "divertido" trabajo para Dios ya estaría hecho, así que podría pasar el resto de mis días alabando a Dios. Sin problemas.

Entonces dije: "Dios, ya que el trabajo de María ya está hecho, si viene el fin del mundo durante mi estancia en la Tierra, me gustaría ayudar en todo. Parece divertido. Pero, si el fin del mundo no llega pronto, me gustaría hacer algo realmente importante para ti. Algo que marque la diferencia".

Continué preparándome para el "deber". Acudía a la confesión diaria durante la Cuaresma en el recreo de la hora de comer porque estaba disponible, y sabía que el sacramento de la Penitencia/Reconciliación ofrecía gracias para quien se arrepentía. La Misa diaria y la Comunión (que ofrecían más gracias, equivalían a una marca en la lista de los "buenos" de Dios) se ofrecían todos los días de escuela. Yo buscaba todas las gracias posibles.

Eran tiempos más sencillos. Recibíamos las enseñanzas del Catecismo de Baltimore, pero también disfrutábamos de la cariñosa amabilidad de las hermanas dominicas más jóvenes. Ellas me ayudaron a saber que Dios era bondadoso y cariñoso, fácil de perdonar, y que había ángeles dispuestos a intervenir cuando se les pedía ayuda. Siempre había ángeles cerca de mí, aunque no era lo bastante afortunada para verlos, podía sentir su presencia pacífica y el aleteo de sus alas.

Y otra cosa que me pareció común a todos fue que pude disfrutar de las enormes auras/halos blancos alrededor de todos los sacerdotes y de muchas otras personas. Incluso teníamos un sacerdote que, según supe más tarde, era alcohólico, pero su aura era enorme y de un blanco brillante alrededor de todo su cuerpo. Los humanos hacemos algunas cosas bastante tontas, pero nuestras almas, o cuerpos de luz, se mantienen brillantemente blancas y limpias. Nuestros pecados no manchan nuestras almas como nos han enseñado.

Sabía que no debía cuestionar a ningún adulto, ni a nadie en realidad. Me llevó años contarle a alguien lo que sentía, veía y sabía en mi corazón. Tuvieron que pasar muchos más años para que comprendiera que cada persona recibe dones diferentes. Sabía que tenía un propósito diferente, un motivo por el que había nacido en este preciso momento. Todos lo tenemos, ahora lo sé. Considero que los mensajes que recibo para la gente en realidad los despiertan ante Dios y que a Dios le gustaría tener conversaciones personales con cada uno de nosotros. Dios nos hizo merecedores a cada uno de nosotros. Dios no dijo nunca que una persona fuera indigna de amor y felicidad abundantes. Eso ha sido equivocadamente dictado por otros humanos. Nuestro amoroso Creador forma nuestras hermosas almas de luz de puro amor divino. Estamos hechos de la esencia misma de Dios.

Ya que mi viaje espiritual comenzó a una edad temprana, creo que me ayudó a mantenerme arraigada en el amor y la fe. Creo que fui impulsada por un propósito sin necesidad de ego. Siempre consciente de que cada ser vivo ha llegado con un propósito, nunca ha habido lugar para sentirse por encima de nadie ni de ningún ser vivo.

Lo dije en voz alta. Los mundos espiritual y físico solo están colmados de asombro, belleza y gracia. Nos rodean constantemente la luz y el amor, sea cual sea nuestra circunstancia. Y el Cielo está siempre listo para intervenir. Todo lo que tienes que hacer es pedir ayuda. El libre albedrío también significa que debes pedirlo.

Querido Dios, te amo sobre todas las cosas. Por favor, guíame en mi trabajo por Tu pueblo para que te conozcan en esta vida. Amén.

CAPÍTULO 2

Creciendo

Mi hogar siempre había sido (a excepción de nueve meses de mi vida de casada) Springfield, Illinois. La ciudad que presume de tener "la única casa que tuvo Abraham Lincoln", la Tumba de Lincoln, la Biblioteca y Museo Presidencial Abraham Lincoln, el Parque Estatal New Salem de Lincoln y muchas otras atracciones turísticas, además de ser la capital del estado. Tenemos tanta historia en nuestro propio patio trasero. Cada verano mamá organizaba un día de turismo para visitar los lugares y apreciar nuestra historia y nuestro patrimonio.

Viví ambos lados del espectro económico. Como niña pequeña de una familia en constante crecimiento, teníamos una vida aceptable. En ocasiones no tanto como en otras. Una ocasión en particular se me quedó grabada: Una amiga cercana me había regalado un precioso libro sobre el perro Lassie por mi cumpleaños número ocho o nueve. Ella lo había elegido, lo había envuelto y me lo había regalado con mucho cariño. Ella adoraba a los perros. Pocos meses después me invitaron a la fiesta de cumpleaños de alguien. Supe por el tono de voz de mis padres que no debía siquiera mencionar la compra de un regalo frívolo para una fiesta. Tomé el objeto más bonito y aceptable que poseía -el libro de Lassie-, lo envolví, hice una tarjeta y me fui a la fiesta. Al abrir mi regalo, la chica que me lo había comprado me miró muy dolida. ¿Qué podía decir? Nada.

Mi padre era comerciante, montó su propia empresa y en pocos años pasamos a tener otra situación económica... bastante buena. Nos mudamos a una casa en un lago: cinco embarcaciones, seis cuartos de baño y muchos amigos que llegaban con sus familias en barca a la hora de cenar. Los parientes venían y se quedaban durante semanas. Esto siempre significaba más niños alrededor. Eran experiencias muy divertidas y enriquecedoras. Yo era un niño muy callado cuando no estaba con la familia o cuando había gente de fuera. Prefería estudiar a las personas y sus pequeñas peculiaridades. Tener visitas me obligaba a esforzarme por hablar con niños nuevos y hacer que se sintieran cómodos. Realmente aprendí grandes lecciones. Los hermanos estábamos dotados de un divertido sentido del humor, lo que ayudaba a que las situaciones difíciles con los invitados fueran lo más fáciles posible.

Conforme se acercaban los años de secundaria, mis ídolos (las hermanas dominicas) iban perdiendo popularidad porque cambiaban sus hábitos y sus velos. El velo negro en forma de corazón con el forro blanco fue sustituido por un velo de gorra de béisbol. En serio, ¿un velo de gorra de béisbol era lo mejor que podían hacer? Yo no iba a llevar un velo de gorra de béisbol. Tenía que encontrar una nueva vocación o carrera.

Programas de televisión como Father Knows Best, The Donna Reed Show, y Leave it to Beaver, eran grandes programas familiares. También veíamos That Girl, The Dating Game, Love American Style y Rowan & Martin's Laugh-In. Qué manera de educar una mente joven.

Los chicos. De repente, el mundo estaba repleto de chicos. Además, súper modelos como Twiggy junto con grupos de canto como The Monkees me hacían ver estrellas. Davy Jones, que en paz descanse, era tan guapo y tenía acento inglés. Oh, sí.

Nuestras faldas cada vez eran más cortas. No sabíamos lo que significaba "Make Love Not War", pero lo cantábamos con devoción y se convirtió en un graffiti en nuestros cuadernos. Nos metimos en un problema enorme. ¿Quién lo diría?

Comenzaron los impulsos de la adolescencia, y recuerdo que me felicitaban por lo buena chica que era, y porque siempre se podía confiar en mí, y bla, bla, bla. En ese momento dije: "Ya no quiero ser esa niña buena. Quiero divertirme".

Y así lo hice. Estaba dispuesta a sacar a pasear mi espíritu amante de la diversión. Sé que eso pone los pelos de punta a los padres, porque los míos estuvieron muy tensos durante muchos años, después como madre. Crecer es muy difícil, y extremadamente difícil para algunos.

Los chicos con los que empecé a salir se divertían como locos. Por suerte, (ahora lo digo como adulta) yo era muy flaca y poco desarrollada y me parecía a todas las hermanas pequeñas de los chicos guapos. Nunca formé parte de "el grupo". Nadie quería "salir" conmigo, y mucho menos besarme. Me pidieron que llevara las pulseras de identificación de varios chicos (deja de reírte, eso sí que era genial), pero solo después de que mi preciosa mejor amiga perdiera el interés por ellos.

CAPÍTULO 3

El Signo de los Tiempos

Teníamos que ser santos, pero no impíos. Divertirnos, pero no demasiado. Los adolescentes desde los años 60 han tenido muchas y diferentes actitudes que se han ido torciendo hasta que nadie recuerda "la manera correcta de comportarse". Actualmente, tenemos varias generaciones que en realidad no saben cómo comportarse a menos que hayan tenido padres y mentores comprensivos involucrados en sus vidas. Los programas de televisión, las redes sociales, los vídeos musicales, todos quieren vender sus productos y los jóvenes y adultos jóvenes inocentes desean con desesperación encajar en el mundo.

A lo largo de los años siguientes y hasta la secundaria, los niños de la década de los 70 empezaron a fumar hierba y a inhalar/esnifar un tipo u otro de drogas y a tomar pastillas de colores para drogarse. Mi mamá me había enseñado que nunca se debe ingerir nada que no haya sido recetado por un médico. Teníamos enfermedades crónicas en mi familia y había muchos medicamentos diferentes. A partir de ahí empezaron las advertencias, por si nos encontrábamos una pastilla tirada en algún sitio. Bien hecho, mamá, porque realmente me asustaba. Fui ridiculizada y se burlaron terriblemente de mí por no seguir la corriente, por ser "demasiado buena". Me alejé entonces de ese grupo y de las cosas que podían hacerme daño. Sabía que mis amigos no querían herir mis sentimientos; intentaban ser geniales. Entonces encontré un nuevo grupo de amigas que me aceptaba, y hoy seguimos siendo "hermanas".

Desde muy pequeñas, las chicas esperaban casarse y tener hijos. Teníamos que mantener bien abiertos los ojos y poner atención para encontrar a la pareja perfecta. Lo digo en serio. En una ocasión, cuando estaba deprimida por no tener novio, mi madre me contó que mi abuela le dijo que rezara: "Santa Ana (la abuela de Jesús y mi tocaya de Confirmación), tráeme a mi hombre".

¿Lo que importaba era necesariamente el «quién»? Creo que es un gran factor determinante en la tasa de divorcios. Eso y el hecho de que en el Medio Oeste era una barbaridad que las adolescentes tomaran píldoras anticonceptivas. El nuevo mantra de los 60 estaba en pleno apogeo, y la sexualidad ya no era tabú, sino una expectativa.

Mi mamá ayudó en la sección local del Derecho a la Vida. Ella y otras muchas mujeres trabajaban en un servicio de atención telefónica para chicas que querían obtener información sobre el embarazo y qué hacer en momentos de crisis. En aquella época no era fácil conseguir píldoras anticonceptivas. En la época del "amor libre", muchas chicas se quedaban embarazadas.

Hay algunas historias espantosas de aquellos días. Durante toda nuestra vida estuvimos aisladas del mundo real. Una amiga mía tuvo que dejar los estudios en el segundo año. Por supuesto, yo no lo entendía, pero ella se había metido en la vida muy deprisa. Yo rezaba a menudo por ella. Años después, en una reunión de clase, me contó que ella y su hija habían crecido juntas. Era un encanto.

Muchas, pero muchas chicas, experimentaron la vergüenza pública del embarazo fuera del matrimonio en aquella época. A los chicos se les exigía que se casaran con la afortunada. Conozco a una pobre chica a la que el padre del bebé se negó a reclamar al niño como suyo. La familia de la niña lo llevó a los tribunales para demostrar su paternidad. Las emociones fueron desagradables y dolorosas para todos. Me pregunto qué consecuencias tuvo para el niño.

Otra buena muchacha católica estuvo desaparecida todo un semestre. Se "marchó" para dar a luz a su hijo y darlo en adopción.

Volvió al instituto para el último año. ¿Cómo afectó eso a toda su vida? Dios bendiga a esa dulce mujer.

Tuvimos bastantes chicas que se quedaron embarazadas en nuestra graduación del instituto de nuestra escuela católica de chicas. Si las descubrían, las expulsaban.

Yo conozco a muchas mujeres que han abortado. Solamente unas pocas lo hicieron despreocupadamente en lugar de un método anticonceptivo, otras por miedo, vergüenza pública, algunos padres ayudaron a las chicas a hacerse cargo del "problema", y por muchas, muchas, muchas otras circunstancias y situaciones. Yo nunca he podido ser partidaria del aborto. Hay mujeres con graves problemas de salud que ponen en peligro su vida. Demasiados amigos y conocidos sufren las consecuencias del aborto. No puedo juzgar a nadie, no es mi trabajo. Mucho dolor, mucha pena, muchos problemas mayores siguen. Dios, ¿cuál es la solución espiritual?

Oprah Winfrey realizó en 2018 un reportaje sobre los Efectos de los Traumas Infantiles en el programa 60 Minutos de la CBS. Cuándo alguien actúa y daña a otros, en lugar de preguntar "¿Qué le pasa a esa persona?", los expertos están sugiriendo que la pregunta más importante es "¿Qué trauma le ha sucedido?" Una discusión interesante y apasionante si puedes encontrarla.

De adulta me he dado cuenta de que asistir a una escuela primaria y secundaria católica privada nos protegió del mundo real durante un tiempo. Pero el mundo real tiene muchos bordes afilados y no tiene vendas. Agradezco mucho los sacrificios que hicieron mis padres.

No apruebo la promiscuidad ni el control de la natalidad ni el aborto, sino que simplemente afirmo cómo era el ambiente en el que crecí en los años setenta. No me gustaría que me juzgaran. Nuestra generación realmente lo tenía todo planeado. Como todas las generaciones anteriores y posteriores.

Supongo que fui afortunada, e incluso bendecida. Mi timidez y el hecho de ir a un instituto únicamente de chicas no me permitieron volverme loca por los chicos. ¡Ellos no estaban allí! Todas tuvimos muchas citas a ciegas incómodas. Mi madre me enseñó a llevar siempre una moneda en el zapato por si necesitaba llamar a casa para pedir que me llevaran (no había teléfonos celulares). Nuestra hija tuvo uno de los primeros bolsos-teléfono para llevar en el auto. Búscalo.

Al final de mi último año, conocí a mi guapo esposo. Era todo lo contrario a mí. Era muy extrovertido y conocía a mucha gente. Durante nuestra segunda cita me dijo que íbamos a casarnos (apareció en mi vida después de rezar a Santa Ana). Pensé que estaba loco, pero no me eché para atrás.

Era un año mayor que yo y tenía un apartamento. Sus padres fueron trasladados fuera de la ciudad durante su último año. Tan pronto como terminó el curso, se mudó solo, encontró un apartamento y un trabajo a tiempo completo. Pensé que era un alma atrevida y valiente. Él sí que sabía tomar la vida por los cuernos y hacer que las cosas sucedieran. Como yo siempre había sido una persona emprendedora, decidí unirme a él. Como puedes imaginar, a mis padres no les hizo mucha gracia. No tenía dinero ni automóvil. Asistí a la universidad durante un tiempo (sin conseguir ningún título), mi entonces prometido y su familia me convencieron de que la universidad era innecesaria.

Se intensificaron los problemas entre mi madre y mi padre y fue entonces cuando realmente cumplí mi deseo, me convertí en That Girl (psst, de la serie de televisión de los años sesenta). Conseguí un apartamento amueblado en el piso de arriba, no lejos de mi trabajo a tiempo completo. Iba y venía andando al trabajo todos los días. Estaba bien, a menos que lloviera y me mojara más allá del paraguas. Tenía que pasar por un par de bares de mala muerte y a veces unos tipos me gritaban. Nunca miraba atrás.

Vivir sola era un silencio atroz. Estaba acostumbrada a una familia numerosa y a mucho ruido. Por las noches era raro y daba miedo. Una noche oí a alguien intentando forzar la cerradura de mi puerta. ¡Qué miedo! Obligué a mi prometido a mudarse conmigo. Él no quería, pero estábamos comprometidos. Su compañero de piso estaba a punto de casarse y necesitaba un nuevo hogar. La idea me pareció perfecta. Ahora vivíamos el sueño, una auténtica pareja de los años setenta. Estábamos viviendo juntos "para ver si funcionaba". Pero nunca me pareció del todo bien. Yo era la oveja negra de mi familia, por no decir que me sentía casi inexistente.

Aunque nunca tuve ni idea de adónde iba mi vida, siempre recé. Nunca fui a la iglesia, pero seguí rezando.

Vivimos juntos varios años. Nunca lo obligué a compartir las cuentas, ni él se ofreció, hasta que nos mudamos a un apartamento más grande.

Qué edad teníamos en ese momento: 19 y 20 años. Vamos a mantener las opiniones en su debida perspectiva. Cuando vas a la universidad sigues en la burbuja de la seguridad durante unos años más. Nosotros éramos niños metidos en un mundo de adultos. Es difícil crecer, sobre todo cuando es demasiado pronto y no hay mentores en el camino.

CAPÍTULO 4

Campanas de Boda

Han pasado muchos meses. Y pasaron muchas discusiones y sentimientos. Entonces, la bombilla de nuestros cerebros se encendió y ambos supimos que estábamos hechos el uno para el otro. ¿Por qué había costado tanto dolor, tiempo y confusión sentir el flechazo? Éramos tan opuestos. Supongo que cada uno quería dar media vuelta y salir corriendo en momentos muy distintos. ¿Pero qué nos mantenía unidos?

Llevaba varios años sin ir a misa, a menos que tuviera que asistir a una boda o a un funeral. No sabía cómo era la vida espiritual de mi prometido. No habíamos tenido nunca esa conversación. Comencé a rezar por nosotros como pareja y para ser una buena madre para los hijos que Dios nos diera.

Nunca tuvimos dinero de sobra. Nos pasábamos la vida bebiendo y bailando los fines de semana y fumando dos o tres paquetes de cigarrillos al día cada uno. Ni siquiera se nos ocurrió ahorrar, comprar muebles o invertir en un automóvil o una casa. Ya teníamos un viejo Buick. ¿Cómo íbamos a pagar una boda?

Entonces mi padre nos propuso casarnos y aceptamos con los ojos bien cerrados. Teníamos 20 y 21 años. Teníamos los ojos muy bien cerrados.

Yo me compré el vestido y mi padre pagó todo lo demás. La cena de ensayo y la decoración de la mesa de la boda corrieron a cargo de mis suegros.

El 5 de noviembre de 1977, mi padre y yo estábamos de pie juntos en la parte de atrás de la iglesia, esperando la señal para empezar la Marcha Nupcial. Durante años, mi padre bromeó diciendo que yo había dicho: "¿Verdad que es guapo?". Papá siempre decía que él respondía: "Sí, lo es". Ahora bien, si miraran las fotografías de nuestra boda de los años setenta, verían un montón de pelo oscuro a lo afro, bigote y barba del novio. Llevaba un esmoquin verde menta, adornado con terciopelo verde bosque y zapatos de charol verde oscuro. Para mí siempre fue guapo. Sus ojos se llenaron de lágrimas cuando llegamos al altar. Le guiñé un ojo y sus lágrimas fluyeron. Estaba segura de que Dios había querido que nos casáramos. Se me quitó la extraña sensación del estómago. Dios es bueno.

Mis padres se divorciaron poco después.

Nuestros preciosos regalos de boda hicieron que fuera imposible quedarnos en nuestro pequeño apartamento. Nos trasladamos al otro lado de la ciudad, a un apartamento mucho más bonito, de dos dormitorios en un gran complejo, con ducha. Me resultaba muy difícil lavarme el pelo hasta la cintura en la bañera. Vivimos allí dos o tres años, y nos mudamos después de un robo.

Nuestra siguiente casa era una vivienda unifamiliar de un dormitorio con lavadora y secadora. Era una vida normal, pero volvimos a no tener ducha.

En esta etapa tan importante de nuestra vida matrimonial, no invertimos tiempo ni dinero en nuestro futuro. No teníamos ni idea de cómo, ni de que debíamos hacerlo. Solo teníamos viejos automóviles y diversión. La vida no parecía tener sentido ni propósito, pero ¿acaso debía tenerlo? Siempre parecíamos estar bien. Mi padre nos sacaba de apuros económicos. ¿Y por qué parecía que eso estaba bien?

A los 25 años estaba embarazada y supe que nuestras vidas cambiarían para siempre. Unos amigos nos dijeron que había una casa de alquiler en su calle. Fuimos a verla, la alquilamos, nos mudamos a ella y luego nos fijamos en el lugar. Yo no quería estar allí. El bebé nacería en dos meses. Bueno, íbamos a trabajar todo el día y el bebé estaría con una niñera todo el día, así que no importaba. Volvimos a no tener ducha, solo una espeluznante ducha abierta en el sótano a la que no podía acercarme.

Nació nuestra hija. ¡Qué alegría, qué milagro! Tras seis semanas de baja por maternidad, supe que había nacido para ser ama de casa. Era muy exigente y sabía que nadie aguantaría sus gritos durante todo el día. Probablemente se trataba de un problema lácteo, pero en aquel momento ni siquiera me lo planteé. Una doctora me dijo que algunos bebés son simplemente malhumorados. Mi marido me dijo que lo intentara y dejé el trabajo. Después de dejarlo, me dijo que no se refería a eso. Vaya.

Éramos pobres. Vivíamos donde estábamos, no teníamos dinero, todos mis amigos habían vuelto al trabajo que yo había dejado, la vida era difícil. Tenía que ser creativa con mis métodos de enseñanza. Mi hija tenía muy pocos juguetes. Para enseñarle los sonidos de las letras, le leía los catálogos de la tienda en casa. Plaza Sésamo era mi consuelo para su mal humor, y ella aprendía y se hacía cada vez más lista. En la biblioteca pública había actividades gratuitas y horas de cuentos maravillosas. Mis dos hijos aprendieron a leer antes de ir a la escuela.

Cuando mi esposo perdió su trabajo por la compra de una empresa, nuestra hija había cumplido recientemente un año. Tras lo que nos pareció el mes más largo de nuestras vidas, aceptó un puesto de representante de ventas que incluía mucho menos dinero, pero un automóvil de empresa. Qué trabajo tan maravilloso. Se pasaba el día en la hermosa carretera, viendo clientes y haciendo amistades. El dinero aumentó un poco, pero no rápidamente. Estaba sola en casa con un bebé malhumorado todo el día, además de los viajes de negocios semanales de mi esposo. Me asustaba estar sola por la noche. No todas las ventanas de la casa de alquiler tenían cerradura. Me quedaba despierta toda la noche, sentada en el sofá, haciendo guardia. Nunca decía nada.

Los gastos extra eran básicamente nuestro dinero para cigarrillos. Conocí un programa llamado W.I.C. ("Mujeres, Infantes y Niños"). Me daban comida gratis para nuestra hija porque nuestros ingresos eran muy bajos. La última vez que fui, cambiaron los requisitos y tuvimos que asistir a una demostración de alimentos con otras madres y sus hijos pequeños. Después de ver a las otras madres, recé y recé para no tener que volver. En lugar de un lazo o pañuelo alrededor de la coleta de una joven madre, utilizó un calcetín. Mi marido recibió un aumento. Gracias, Dios.

CAPÍTULO 5

Las Oraciones de la Abuela

Mi esposo había crecido yendo a escuelas católicas y, por tanto, sabía que su fe debía de ser un reflejo de la mía. En realidad, ¿acaso todos los católicos no disfrutaban de mí mismo nivel de profunda devoción? ¿No tenían todos los católicos un amor eterno y una fe pura en Jesús, María, ¿los ángeles y los santos?

Como la mayoría de los veinteañeros, dejé de ir a misa los domingos en ese momento en que te cuestionas tu fe. Siempre rezaba y tenía una abuela que era una guerrera de la oración, y que en su lecho de muerte me miró a los ojos y me dijo: "¿Sabes cuánto he rezado por ti?". Fue ella quien invocó al cielo para evitar que las mareas se abatieran sobre mi vida. En ese mismo momento, mis ojos y mi corazón se abrieron de par en par.

Tras el funeral de la abuela, los agradecimientos, la limpieza de los armarios y la vuelta a casa de los familiares, mi abuelo me dijo que la abuela había estado rezando por un hogar para mi familia (y ella era la persona oficial de la familia encargada de rezar). ¿Por qué no se me había ocurrido a mí? Yo también empecé a rezar. Pronto compramos nuestra primera casa. Gracias a una ayuda del gobierno federal, era nueva, de mil metros cuadrados y toda nuestra.

Con la ayuda de un casete de auto hipnosis, dejé de fumar. El programa te llevaba por las partes del cuerpo para una relajación total. No estoy segura de sí funcionó a la hora de dejar de fumar, pero más tarde utilicé la técnica para dormir siestas energéticas de veinte minutos mientras estaba embarazada. Qué bien.

Cuando nació nuestro segundo hijo, nuestra vida parecía muy cercana a la normalidad. Ambos niños eran inteligentes, creativos, amables y atentos.

Durante casi siete años, tuvimos un poco de dinero extra, vecinos estupendos, vida comunitaria en una iglesia católica y, por fin, una vida familiar.

Luego, la empresa de mi esposo cerró.

Lo cual nos devuelve al punto de partida de mi historia en 1992, cuando el trabajo de mi esposo cerró por una compra de la empresa, y nos trasladamos con la nueva compañía fuera del estado. Fue muy difícil mudarnos. Nuestra hija tenía nueve años y nuestro hijo cuatro. Al llegar a nuestra nueva ciudad y a nuestro nuevo hogar, nada funcionó con normalidad. Todo nos resultaba tan extraño que era evidente que estábamos en el lugar equivocado y que necesitábamos ayuda para salir de allí.

Al cabo de ocho meses, me arrodillé y recé: "Dios, no puedo criar a mis hijos aquí". Esa noche volví a rezar mientras estaba en la cama. Esta vez, oí un fuerte zumbido.

Al día siguiente, mientras me fumaba un cigarrillo en el garaje (volví a fumar tras la mudanza), oí una vocecita que decía: "Sacrificio personal".

Le dije: "Dejaré de fumar".

La voz dijo: "Ven a verme en una semana". Al cabo de una semana, dije: "De acuerdo, ya ha pasado una semana".

La voz dijo: "Prepara la casa (para venderla) y yo me ocuparé de él (mi esposo)".

En una semana mi esposo se quedó sin trabajo. Todos nos alegramos.

Todos los detalles de nuestra mudanza de regreso transcurrieron sin contratiempos.

Antes de mudarnos de vuelta a nuestra ciudad natal, le pregunté a Dios si podía hacer algo a cambio.

Me dijo: "Me gustaría que empezaras un nuevo grupo de mujeres en tu antigua parroquia".

Le dije: "Pero la Sociedad del Altar y el Rosario existe desde siempre". No obtuve ninguna respuesta.

"¿Cómo llamamos al nuevo grupo?". No obtuve ninguna respuesta.

Mi historia continuó, vendimos la casa que teníamos fuera del estado y nos mudamos de vuelta a nuestra ciudad natal, a un pequeño apartamento de alquiler para que los niños pudieran ir a nuestra antigua escuela católica. Al principio no tuvimos problemas de dinero. El dinero que necesitábamos siempre estaba ahí. Al cabo de un año, el dinero había desaparecido.

Estábamos frente a la piscina del barrio. No nos podíamos permitir la pequeña cuota de socio. Mi padre pasó un día por allí y, al oír el ruido del chapoteo y las risas de los niños, cruzó la calle y nos inscribió como socios.

Luego mi esposo fue a la Asistencia Pública para ver si podía conseguir dinero. Tuvimos que rellenar un formulario y hacer que el pastor de nuestra iglesia firmara que nuestros hijos vivían con nosotros (qué humildad). Nuestro pastor nos envió 100 dólares por correo (más humildad). Llegaron los dólares del desempleo. Le envié al pastor una nota de agradecimiento y le devolví los 100 dólares más intereses.

Mi padre nos traía también carne y alimentos de vez en cuando. Por fin se acabó el desempleo, aceptamos un trabajo mal pagado (confianza, confianza, confianza) y la vida siguió adelante.

Me di cuenta de que en casa no me trataban con amor y respeto. Ni a mis hijos tampoco. Eso es, lo he dicho. No me había permitido sacar eso a relucir en mis pensamientos hasta entonces. Cuando la situación se ponía difícil, le pedía a Dios que bendijera y arreglara nuestro matrimonio. La respuesta siempre fue que lo dejara pasar y siguiera siendo una bendición.

Cuando mi hijo mayor empezó a buscar universidades, Dios me animó a buscar trabajo. Sabía que este era el comienzo de mi nuevo camino.

Ya habíamos comprado una casa. La casa era la primera y única casa que mis abuelos maternos (los que oraron por nosotros) habían tenido y guardaba muchos recuerdos hermosos para mí.

Cuando mi hijo menor tenía 16 años, por fin le dije a mi marido que quería divorciarme. Todo lo que dijo fue que no se mudaría de la casa. Le dije que estaba bien, que yo me mudaría.

Como sabía desde hacía varios años que el divorcio era inminente, insistí en que refinanciáramos la casa para conseguir la cuota hipotecaria más baja posible, para mí si vivía allí, o para que él tuviera más dinero para pagar la matrícula universitaria de los niños.

Mi abuelo siempre decía, después de que falleciera mi abuela: "Esta casa es solo un edificio, no importa lo que le pase". Ese fue mi consuelo. Y además, pensé que todo el amor y las oraciones que albergaban sus paredes podrían ayudar a mis hijos en los momentos difíciles. Me mudé a un apartamento. En resumen, el mundo de mis hijos se hizo añicos. Mi madre ya no estaba en la casa familiar con sus cosas. No tenían ni idea de lo que les había pasado cuando nos separamos y divorciamos. Los había protegido de los detalles de mi vida toda su vida.

"Les diste a tus hijos una vida de ensueño", me dijo una nueva amiga. "Soportaste todo el dolor y las dificultades para ayudarlos a tener una vida normal". Ella me contó cómo había hecho lo mismo y cómo sus hijos la culparon después de que sus vidas fueran tan horribles. "Fue entonces cuando tuve que hablar con ellos para ayudarlos a entender", me dijo. "Mm, mis hijos y yo también tendríamos que cruzar ese puente en el futuro".

Crecí viendo a algunos amigos y familiares vivir una vida en la que abundaba el odio. Supe que la hipertensión y la ansiedad son efectos del odio guardado en un corazón durante muchos años. Consciente de ello, quise que mis hijos establecieran una relación con su padre antes de conocer los verdaderos detalles de su infancia. El resultado fue bastante bueno para mis hijos y su padre.

En 2017, mis hijos manifestaron signos de fuerte enfado hacia mí, y supe que por fin había llegado el momento de compartir detalles con ellos. Les resumí su infancia en una carta. En todo momento recalqué que ninguno de ellos guarda odio en su corazón. Les expliqué que papá siempre sería su padre y que siempre seríamos abuelos juntos. Quería que tuvieran una relación con papá y que no lo odiaran el resto de sus vidas, por eso nunca compartí detalles con ellos. Todo está bien en sus corazones.

Siento pena por mi juventud y la de mi esposo. Nos conocimos muy jóvenes y nos casamos cuando él tenía 21 y yo 20 años. Ninguno de los dos tuvimos la oportunidad de llegar a ser nosotros mismos y crecer con antelación. La sociedad nos ordenó cómo debíamos ser, y así fue. Ahora somos amigos, y nos damos cuenta y estamos agradecidos por toda la diversión y los buenos momentos que compartimos. ¡Nuestros hijos son increíbles!

(Actualización: mi esposo falleció de cáncer en 2020).

Desde entonces he leído *El Contrato Sagrado, Despertando tu Potencial Divino* de Caroline Myss. El libro me abrió toda una riqueza de razones para bendecir y agradecer a las personas que tienen un papel mayor o menor en nuestras vidas. Yo creo que las personas difíciles a lo largo de nuestra vida siempre deben ser bendecidas porque son nuestros mayores maestros y nos ayudan a despertar al Espíritu. De acuerdo con el libro, hacemos contratos entre nosotros antes de abandonar el cielo. Cada uno de nosotros desempeña un papel en la vida de los que nos rodean para hacernos avanzar en nuestros viajes espirituales. Comprender esto puede traer consigo el perdón y la gratitud total, incluso para la persona que nos corta el paso en el tráfico.

Gracias, abuela, por enseñarme a rezar y a confiar en Dios cada día.

CAPÍTULO 6

El Recuerdo del Pasado

(Yo volví a nuestra nueva ciudad fuera del estado) Estuve buscando a Dios no sólo a través de nuestra iglesia católica, sino también a través de la cadena de televisión católica EWTN. Cuando mi esposo estaba trabajando fuera de la ciudad y los niños dormían, había un joven llamado Dr. Timothy O'Donnell, presidente del Christendom College en Virginia, que presentaba una serie semanal sobre el Sagrado Corazón de Jesús a principios de la década de 1990. Él fue el que me ayudó en mi espiritualidad y en mi creciente hambre de inspiración. Continué viendo programas que me interesaban, especialmente sobre la vida de los santos. Penny y Bob Lord emitieron segmentos sobre la vida de los santos en sus ciudades natales de todo el mundo, los lugares donde la Madre María había tenido apariciones, y también una serie sobre los milagros de la Eucaristía. Todos habían sido autentificados por la Iglesia católica.

Una noche, Michael Freze tuvo una entrevista sobre su nuevo libro They Bore the Wounds of Christ: The Mystery of the Sacred Stigmata. Lo compré y lo leí varias veces. Estas son las cosas de las que nunca se habla en la escuela o en la iglesia. Sentí curiosidad y me intrigó.

Ahora bien, recuerden que yo tenía dudas con respecto a Dios. Había dejado de fumar (por segunda vez) durante una semana, que Dios cuidaría de mi esposo, que yo dirigiría un grupo de mujeres en la antigua parroquia. Estábamos en enero de 1993. Le conté a mi esposo que había hablado con Dios y lo que había oído. Él no sabía qué pensar, pero no se burló de mí. Unos días después recibió una llamada de su jefe diciéndole que su puesto había sido cancelado. Los niños y yo nos alegramos. Terminamos de pintar y reparar. Nuestra casa se vendió en cinco días.

Ahora, cuando rezaba, Dios me respondía: "Siempre estoy contigo". Sabía que estaríamos bien.

Mi esposo comprobó cómo estaba el desempleo en el nuevo estado y cómo afectaría nuestra mudanza el hecho de recibir los dólares. Su sueldo nunca se había cambiado de Illinois. Nuestro impuesto sobre la renta se podía presentar en Illinois. Dios es increíblemente asombroso.

"Estoy siempre contigo", además de "abrazos" cálidos e intensos.

Después de regresar a nuestra ciudad natal, fuimos a nuestra antigua parroquia y nos encontramos con que el pastor había disuelto la Sociedad del Altar y el Rosario. Se había convertido en un grupo pequeño, exclusivo, malhumorado y harto, y el Padre le había puesto fin. Mm. Respuesta a la pregunta #1: La Sociedad del Altar y el Rosario desapareció.

¿Cómo sabría el pastor que yo era la indicada para dirigir el nuevo grupo? ¿Recuerdas que después de quedarnos sin dinero, mi esposo había ido a la Asistencia Pública y le pedimos al pastor que firmara el papel de que nuestros hijos eran realmente nuestros? Él nos había enviado 100 dólares por correo, ¡y yo pude devolvérselos con intereses! Así supo el pastor que yo existía y que era una buena persona. Estos son los momentos característicos cuando trabajas directamente con Dios. Tu ego no tiene la menor posibilidad.

Era 1994. Se había reunido un pequeño grupo de mujeres que estaban interesadas en crear un nuevo grupo femenino. Invitamos a dos señoras que representaban al Consejo Diocesano de Mujeres Católicas para que nos explicaran el Consejo y nos informaron de que todas las mujeres católicas ya eran miembros, pagaran cuotas o no. La respuesta a la pregunta #2: El nuevo nombre era Consejo de Mujeres Católicas.

Y ahora, ¿quién sería la presidenta? Recé: "Dios, sé que debo hacer esto, pero tengo demasiado miedo para levantar la mano. Si quieres que lo haga, tendrás que hacerlo Tú". A continuación, una mujer me propuso, otra apoyó la moción y empezamos. Nuestro equipo de organización tuvo reuniones de planificación y los detalles se ajustaron a la perfección.

El 14 de abril de 1994, celebramos nuestra primera reunión del Consejo de Mujeres Católicas. Era un día precioso y muchas mujeres estaban contentas de salir de casa. Las lluvias habían sido interminables y la gente había estado sacando agua de sus sótanos. Mis palabras eran preciosas (cortesía de Dios) y era difícil no gritar: "Oye, Dios está haciendo esto, así que siéntate y presta atención. Esto es importante".

Al día siguiente tenía que usar el resto de los cupones de comida que habíamos recibido de la Asistencia Pública.

El Señor me contó los planes para cada una de las reuniones, ya sea directamente o a través de otras personas o libros. Me prometió que la Santísima Trinidad me acompañaría para mantenerme firme, evitar que me golpearan las rodillas y hacer que las palabras adecuadas salieran. Todas las promesas eran reales.

En agosto, la Santísima Trinidad y la Virgen hablaban del Consejo de Mujeres y decían: "El Cielo y la Tierra se tocan".

Todas las actividades se desarrollaron maravillosamente. Ciertamente, tuvimos quejas y problemas de última hora. Sin embargo, eso siempre mejora el plan original. Todo el grupo participó en el éxito.

El amor abundaba. En una ocasión organizamos un concurso de redacción para niños. Se invitó a los ganadores a nuestra reunión (junto con sus madres, por supuesto) para leer las redacciones ganadoras de cada curso. Esta reunión fue antes del Día de San Valentín, así que las mujeres, junto con los niños ganadores de la redacción, hicimos tarjetas de San Valentín caseras para los enfermos de nuestra parroquia. ¡Qué bonito!

Con frecuencia tratábamos de llevar comida de restaurantes familiares cercanos, para ayudar a nuestra comunidad.

En una ocasión, nuestra reunión se celebró el 8 de septiembre, día del cumpleaños de la Virgen. Pregunté: "Dios, ¿qué deberíamos tener como refrigerio para el cumpleaños de María?".

Oí: "¿Por qué no se lo preguntas tú mismo?".

María apareció en la visión, así que le pregunté: "¿Qué deberíamos tomar como refrigerio en tu cumpleaños?".

María respondió: "Un pastel blanco con glaseado blanco decorado con un rosario azul claro encima".

Nuestra Señora me dijo a quién tenía que pedírselo y que tal vez la señora ya no hacía pasteles, pero que podía dirigirme a otra persona.

¡Y eso fue exactamente lo que ocurrió! Estoy segura de que tuvo algún efecto en esos pasteleros, pero eso lo sabía Dios.

En 1995 me dispuse a escribir una carta al periódico católico sobre el cierre de iglesias y, de forma muy natural, se convirtió en el lenguaje de un discurso. Le pregunté a Dios: "¿Para qué es esto?".

Su respuesta: "Lo leerás en la convención y cada vez más. No hagas copias". Pensé que era solamente para un discurso.

Quedaban algunos meses para la convención diocesana del Consejo de Mujeres Católicas. Ese año tenía lugar en una ciudad a unos 30 minutos de distancia. Le enseñé el discurso a un sacerdote de mi parroquia y me sugirió que lo utilizara para redactar un artículo para el periódico católico. Pero, "No hagas copias", no dejaba de repetirse en mi corazón.

La noche anterior a la convención hubo una cancelación de oradores.

Me pidieron que diera el discurso en la convención.

La charla comenzó relatando las anécdotas del capítulo 1 antes de mudarnos a nuestra ciudad natal, los fuertes rumores que oía, las preguntas que le hacía a Dios, etc. Luego continuó...

Muchas personas perciben la mano de Dios en sus vidas. Probablemente, todos tengan una historia que contar. En todo interviene enormemente el libre albedrío. Dios nos explicó el libre albedrío como un enorme tablero con cuadraditos, como si fuera papel milimetrado. Cada persona está representada por un cuadradito. Al tomar una decisión y llevarla a cabo, nuestro cuadro y los cuadros de todas las personas afectadas por esa decisión experimentan un cambio instantáneo. El efecto dominó queda claramente demostrado. El tablero es enorme. Y es todo de un color, las casillas son todas del mismo tamaño. Somos iguales e importantes a los ojos de Dios. Con un solo acto influimos en muchas personas, a veces durante generaciones.

Al principio, Dios me dijo que sería una profeta (la que recibe la palabra de Dios) y una evangelizadora (la que cuenta la palabra de Dios). Recibí muchos mensajes escritos para mí y para otras personas. Algunas veces me despierto en medio de la noche y oigo: 'Despierta, te necesito para que escribas estas cosas'. Otras veces es solo un impulso, me siento con el bolígrafo en la mano y espero. Y entonces las palabras comienzan a fluir con hermosa caligrafía.

Cierta noche Dios me despertó con calambres en el pie para darme una oración de sanación. Dije: "¡Qué bonito!", y me di la vuelta para volver a dormir. Pues no, tuve que repetirla una y otra vez, no sé cuántas veces. Luego me volví a dormir. Al día siguiente me explicaron que es para curaciones espirituales y médicas. Por lo general, los efectos no se ven inmediatamente. Y, además, depende de la fe de la persona. La fe de una persona puede curarla de forma literal.

Ponerse delante de la persona con las manos en ambos hombros: "Por Nuestro Señor Jesucristo, sana todas sus dolencias, en nombre del Padre (tomando el pulgar derecho, presiónalo contra tu propia frente, y luego haz la señal de la cruz en la frente de la persona), y del Hijo, y del Espíritu Santo. Amén".

Este es otro mensaje que recibí durante la adoración perpetua. Tuve una visión tenebrosa de Jesús en la cruz: Cuando veo pasar ante mí los pecados de los hombres, me siento triste y llena de misericordia. ¿Saben que son bienvenidos en Mi reino? ¿Saben cómo alcanzar el cielo? Sus pecados son perdonados en la Reconciliación, pero ¿saben que hay algo más? Oración, penitencia, sacrificio, ayuno.

Lo primero es la humildad para aceptar el mal cometido. Después, el compromiso de intentarlo con más empeño. Un verdadero compromiso del corazón y pedir Mi ayuda. Finalmente, busca Mis señales en la vida. Busca Mis pequeñas alegrías que doy para aliviar las cargas de la fidelidad. ¡Disfruta de Mi multitud de regalos diarios!

¿Por qué Dios actúa tan a menudo en estos tiempos? Necesitamos mucha ayuda, esperanza y amor. Sigue el impulso de tu corazón. Tu trabajo está esperando a ser realizado.

Y un último mensaje del 21 de diciembre de 1997, diles 'Mi segunda venida está por llegar al mundo. No es el fin del mundo, sino un despertar de los corazones a Mi verdad'. ¡Qué lindo!

Por eso "No hagas copias" seguía escuchándose en mi corazón. Lo necesitaba para escribir este libro para ti.

CAPÍTULO 7

Guíanos en el Camino, Por Favor

En ese momento, ya había descubierto un lugar, o un diferente plano de existencia. Este es el lugar espiritual al que voy cuando quiero sentir o ver a Dios. Llegaba allí a través de mi imaginación. Me ponía de rodillas a los pies de Jesús y le entregaba mis problemas. Cuando la vida se hizo más y más dura, me arrastraba detrás del trono y me apoyaba. De a poco me abrí camino desde detrás de la silla hacia el costado, y finalmente me encontré a sus pies.

Aquello ya no era imaginación. Era un sitio, pero no físico. No pude verlo a la cara. Me sentí como la mujer de la Biblia, empecé a llorar sobre sus pies y a secarlos con mis cabellos. Se me ofreció su regazo. Me senté y apoyé la cabeza en su hombro, sintiendo el material de su túnica, y luego me acurruqué en su regazo. Él me abrazó. Yo le pregunté si así se acababan los problemas de trabajo y dinero. Me dijo: "Sé humilde. Tendrás muchas situaciones diferentes por las que tendrás que acudir a mí". Luego me dormí plácidamente.

En 1994, el Día de la Madre, di gracias a Dios por mi hija y mi hijo durante la misa y oí: "Son dos de Mis mayores creaciones. Por eso te los he dado". ¿No diría Dios eso a todas las madres?

Nuevamente, rezando ante el trono, pregunté: "¿Cuándo terminará nuestro calvario?".

Sentí una sensación cálida, maravillosa, luminosa, muy pacífica. "Reza por los pecadores y por esas mujeres que están en contra de ti y de tu trabajo. Tú los tocarás, pero antes siente mi dolor cuando me clavaron los clavos. Sigue con tu trabajo".

Llevaba tiempo buscando libros sobre experiencias cercanas a la muerte, ya que parecían lo más parecido a lo que yo estaba experimentando. Además, afirmaba que Dios habla a la gente, pues yo no tenía absolutamente a nadie con quien compartirlo. Se lo dije a mi esposo en parte, pero si él no lo experimentaba, probablemente tendría que buscarme una institución.

En muchos relatos, las personas que experimentaban situaciones cercanas a la muerte habían entrado en contacto posteriormente con demonios y figuras malignas. Inmediatamente dije: "Eh, espera un momento, Dios. No me dijiste nada de esto. Si voy a hacer este trabajo, tienes que alejarme de todas y cada una de estas cosas malignas, y tampoco quiero que se me aparezca ningún muerto. Si quieres que hable con gente muerta, tiene que ser en el plano espiritual. No pueden aparecer delante de mí".

Oí: "Tu familia está protegida del maligno. Tu fe y la fe que comienzas en tus hijos es demasiado grande".

Dije: "Te amo". Oí: "Te amo desde lo más profundo de mi ardiente corazón. Ahora, a trabajar".

A los pocos meses de mudarnos de nuevo a Illinois y de que comenzara el grupo de mujeres, yo estaba en misa y, mientras rezaba, observaba el enorme crucifijo que había sobre el santuario. Miré a la izquierda y vi una enorme silueta con el rostro de Jesús. Oí: "Mi obra está comenzando maravillosamente. Estás tocando el corazón de mucha gente. Puedes ver las piedras resquebrajándose y las hermosas flores emergiendo".

A partir de entonces, la iluminación de esta iglesia ha sido cambiada de posición después de que muchos feligreses disfrutaran de la silueta del rostro de Jesús.

En el mes de mayo, me dijo que le contara al pastor algunas de mis experiencias y que me habían dicho meses antes que dirigiría el Consejo de Mujeres y lo de la silueta en la iglesia. El pastor dijo con despreocupación: "Qué bien". Durante el resto del verano tuve que mantenerme alejada de él. Parecía mirarme con asco. Fue horrible.

Durante la primera reunión del nuevo año del Consejo de Mujeres Católicas, se sentó justo delante de mí. Era como si estuviera esperando a que ocurriera algo extraño que requiriera su intervención instantánea. Conforme avanzaba la noche, los músculos de su cara se relajaron y pude ver que recordaba que yo era una buena persona. Al final de cada encuentro siempre me hacía un cumplido.

En la medianoche, entre el 31 de mayo y el 1 de junio de 1994. Me arrodillé espiritualmente ante Jesús y me preguntó: "¿Quieres hablar con Mi Padre?". Mm. Dudé. Mm. Me giré en esa dirección y otro trono se hizo presente. De nuevo, vi un cuerpo más grande, pero, por supuesto, un rostro cubierto por un velo. El Padre dijo: "El día del Señor está aquí". Me dijeron que también significaba el tiempo del Señor. A mí no se me dijo cuándo sucedería nada.

El Padre dijo: "Debes ser como una piedra arrojada al estanque. El efecto dominó. Eres amable, gentil y cariñoso como un niño. Todo el mundo se abrirá a ti. Jesús te mostró los planes futuros (AΩ) que tenemos para ti, pero debes recordar que el mundo siempre puede cambiar. Te estaremos utilizando, pero ya no hay nada seguro". El Padre me besó la frente. "Sé que estás preocupada por el dinero. Siempre lo has estado. Estás completamente cubierta. Todos los pequeños milagros que has notado, ¿y no crees que te daríamos de comer? Todo está bien, no te preocupes".

Esto me recordó cuando todavía vivíamos en nuestra casa en otro estado. Cierta noche, Jesús me despertó y me llevó al "bistro", como me gusta llamarlo. Mientras nos sentábamos en este café al aire libre, se me mostró un evento tras otro que sucedería en mi vida, y luego me volví a dormir. Cuando me desperté a la mañana siguiente, comencé a recordar una cosa tras otra tratando de guardar los recuerdos en mi cerebro. Cada acontecimiento iba desapareciendo, como las teclas de un piano, hasta que ya no podía recordar ni uno solo. Pienso que esto era para asegurarme de que había un plan y de que cada cosa que ocurría en mi vida era intencionada y a propósito.

Afortunadamente, las comunicaciones y los mensajes escritos llegaban con más frecuencia.

El 26 de junio de 1995, a medianoche, hablando de mi familia: "Cada uno de ustedes ha tenido que sufrir mucho en sus propias circunstancias. Muchos de los míos están sufriendo. Quiero que todos ustedes (mi familia) recuerden a mi pueblo en todo lo que hagan. Cuando el sufrimiento haya terminado habrá mucha alegría. Amen a mi pueblo, ayuden a mi pueblo. Sus corazones son puros y están llenos de amor. Recuerden el sufrimiento cuando vean sufrir a los demás. Pronto se unirán al resto del mundo. Tus sufrimientos te han purificado. Compartan su fe, esperanza y amor con mi pueblo que está siendo purificado. Ayuden a aliviar sus cargas de pequeñas maneras amorosas como he enviado a otros a hacer por ustedes. Mi más grande amor para todos ustedes".

El 25 de septiembre de 1995, a las 12:31 p.m., "Puedes ver cómo el proceso comenzó hace mucho tiempo. Cada detalle abre otra puerta, como en la serie de televisión Get Smart. Siempre voy delante de ti. Por mí, tu familia está siendo purificada. Tienes razón, están recibiendo un tratamiento rápido con muchos niveles separados de purificación que ocurren al mismo tiempo - y nadie podría darse cuenta. Conforme los niveles se vayan resolviendo, otra y otra puerta se abrirán, y ahí estará tu tesoro. Sigue a tu corazón y no a la naturaleza humana (tanto como puedas) y yo estaré allí para guiarte a través del laberinto. Los protegeré a todos, los guiaré a todos, los amaré a todos para siempre. Así como los tigres, las arañas, los elefantes y los dinosaurios conviven en Mi mundo, les pido que traigan paz a Mi pueblo en la Tierra. La "alfombra de gente" (vi diferentes nacionalidades reunidas con sus trajes típicos) es real. Están todos en armonía, siempre. Tú eres mi elegida. Eres la portavoz del "plan". Observa cómo se desarrolla todo y disfruta tú y mi pueblo al mismo tiempo. Hágase mi voluntad ahora y siempre para que todos vivan y gocen de mi paz". ~ Jesucristo, Rey Soberano

18 de octubre de 1995, 11:12 a.m., *Oh Señor, Te amo sobre todas las cosas.*

Por favor guíame siempre en mi trabajo, para Ti y para Tu pueblo.

"Yo te guiaré en todo momento. Permanezcan alerta. Estoy convocando a la acción a muchas personas. Pocos han respondido. Ahora, Mi mensaje está siendo escuchado por nuevos oídos y los corazones se están abriendo. Estén atentos y sean más humildes. Esta es tu llamada a la acción. Como sabrás, las cosas serán más fáciles en algunos aspectos y más difíciles en otros. Siempre estoy con ustedes. Todo en esta vida pasará. Tú eres Mi elegida. El Cielo te espera al final de tus días. Tenéis muchos corazones que tocar. Envié y seguiré enviando mucha gente buena hacia ti. Pon atención a donde el "vigilante de tráfico" está tratando de dirigir a la gente. Esta es la clave de tu capacidad de liderazgo y dirección".

Por favor, toma tus decisiones de forma clara y evidente. Mi cerebro humano parece demasiado inferior.

"No puedes ser perfecto en esta vida. Sé humilde".

El 7 de noviembre de 1995, a las 11:30 p.m., "Muchos creerán y te escucharán. Muchos se cerrarán firmemente y te rechazarán. Solamente puedes tratar con ellos rezando por ellos. De ese modo, al menos podrás sentir compasión en tu corazón cuando actúen por ignorancia. Quédate tranquilo y sé como un niño. Tu trabajo es para que lo disfruten tú y muchos otros. Tu presencia tranquila y amorosa es muy valorada por mi pueblo santo que ni siquiera reconoces. Todos los días das esperanza a muchas personas. Porque eres genuina y amorosa, muchos ven esperanza. Todas las personas son muy importantes para Mí. Disfruta de tu pobreza por unos días más y siente el profundo amor y generosidad que tantos sienten al dar regalos y recibir ayuda. Todos los aspectos del mundo son importantes. Ninguna fase o estilo de vida carece de todas las emociones. Solamente hay diferentes estilos y circunstancias".

Entonces, a finales de noviembre, encontré a alguien dispuesto a escucharme y le conté todo lo que tenía que contarle. Hasta ahora no había tenido a nadie con quien hablar y esto me pareció lo correcto. Ambos vimos cómo nos uníamos. Era una persona espiritual, que también estaba en camino. Me sentí bien al hablar en voz alta. Gracias, Dios. Ella me dio los cuatro volúmenes de La vida de Jesucristo y las revelaciones bíblicas, de la santa hermana Ana Catalina Emmerich, que era religiosa, mística y estigmatizadora. Sus revelaciones o visiones eran tranquilizadoras, ¡Qué lectura tan increíble! La Pasión de Nuestro Señor se describe con todo lujo de detalles. La película La Pasión de Cristo fue creada a partir de los libros.

Ella dijo: "Has sido crucificado". Mm, ¿ha sido esta mi crucifixión?

"Sí, estás sufriendo una crucifixión que no es violenta. Estás resurgiendo como un alma totalmente purificada. Sí, estás resurgiendo, o sea, al otro lado. Conforme se abre cada puerta, te sientes más aliviada. Todo va según Mi plan, tenlo por seguro".

Mientras leía They Bore the Wounds of Christ, de Michael Freze, había una parte en la que se enumeraban y describían los dones espirituales. Uno en particular hablaba de los estigmas invisibles, cuando las heridas son sentidas, pero no vistas. Eso es lo que me ocurre casi todos los años durante la Semana Santa. Siento las espinas que me clavan y la sangre que corre por mi cabeza. Siempre debo levantar la mano para asegurarme de que no se está derramando nada y de que los demás son testigos de ello. Lo mismo ocurre con las heridas de las manos, las muñecas y los pies.

El 17 de diciembre de 1995, 12:30 a.m., "Tu cabello se está cayendo porque estás haciendo cosas que nunca habías hecho antes. Ahora debes tomar decisiones importantes sin consultar Mis consejos. Se requiere una gran fe y una total entrega para confiar en que ocurrirán las palabras y acciones correctas. Se requiere constantemente una entrega perfecta e intenciones puras. Sé humilde".

CAPÍTULO 8

Todavía en Busca de Pruebas

Bueno, ahora estoy hablando con Dios todo el tiempo, algunas veces debo compartir mensajes escritos a otros, y todavía estoy buscando pruebas. Hubo dos personas, un amigo cercano y alguien que escuchó una de mis charlas, que me preguntaron si era esquizofrénica.

Comencé a buscar en la biblioteca relatos personales de experiencias cercanas a la muerte (ECM). Encontré el libro de Betty Eadie *"He Visto La Luz"*. También estuvo en el programa de televisión de Oprah. Su experiencia en el cielo era increíble y creíble. Fue enviada de vuelta a la vida para contar su historia. Yo pude comprar la transcripción del programa de Oprah y se convirtió en una de nuestras más queridas veladas del Consejo de Mujeres Católicas. En la transcripción intervinieron diferentes personas, y se hubiera podido oír caer hasta un alfiler durante la presentación.

Luego encontré el libro de Dannion Brinkley *"Salvados por la Luz"*. Su historia era totalmente diferente. En realidad, "murió" tres veces diferentes y fue enviado con información futura sobre los Estados Unidos y el mundo que se ha estado desarrollando como se ha dicho.

Más recientemente, un niño pequeño relató su visita celestial en El Cielo es Real, escrito por su padre Todd Burpo en 2010. Una joven artista llamada Akiane Kramarik - akiane.com - también tuvo una ECM y fue capaz de hacer un dibujo del aspecto que Jesús tenía para ella. Colton Burpo reconoció el rostro de Jesús la primera vez que vio su pintura como el mismo rostro de Jesús de *su* visita.

Una maravillosa amiga me dijo que Dios había encarnado. Estaba muy indecisa, al igual que yo lo estoy a la hora de decir las cosas en voz alta. Estudié muchos libros sobre Sathya Sai Baba de la India, buscando y buscando formas de desacreditar a esta persona. Ella viajó a visitar el ashram para saber más.

Un sacerdote Católico, Mario Mazzoleni, escribió *A Catholic Priest Meets Sai Baba* (Un Sacerdote Católico Conoce a Sai Baba). Al final del libro, hablaba de que había sido excomulgado de la iglesia católica y ya no podía ejercer su vocación sacerdotal. Le resultó extremadamente difícil cuando nadie en Roma quiso investigar. Le escribí varias cartas después de leer el libro. Se casó y encontró una vida amorosa fuera de la Iglesia católica. Falleció en 2001.

Durante las últimas dos décadas he vuelto a visitar los sitios web de Sai Baba para ver qué ha sucedido. La certeza de la convicción y la creencia leal no han hecho más que crecer en todo el mundo. La primera encarnación de Sai Baba de Shirdi vivió entre 1838 y 1918. La segunda encarnación de Sathya (verdad) Sai Baba vivió de 1926 a 2011. Se espera la tercera encarnación de Prema (amor) Sai Baba.

En el libro de Lucinda Vardey Mother Teresa *"Meditaciones de un Camino Simple"*, encontré "La contraseña de los primeros cristianos era la alegría, así que sirvamos al Señor con alegría. La alegría es amor, la alegría es oración, la alegría es fuerza. Dios ama a la persona que da con alegría, y si das con alegría, siempre das más. Un corazón alegre es fruto de un corazón que arde en amor". Cuando busco respuestas, siempre identifico la mano de Dios en la alegría genuina que se hace presente. La alegría es la clave.

En 1993 mi hijo y yo visitamos el Museo Field de Chicago con el fin de disfrutar de la nueva exposición "Sue, el dinosaurio" y también nos encontramos con la exposición itinerante de los Rollos del Mar Muerto. Cuando leí los fragmentos de los rollos que habían sido transcritos, me di cuenta de que eran escritos inspirados, como los que yo recibo. El texto inspirado no se detuvo después de que se escribiera la Biblia. Fue un momento de serena confirmación.

Mi sobrina eligió a Juana de Arco como nombre de confirmación y como regalo compré un libro escrito por Mark Twain. Twain estuvo 12 años en Francia estudiando la vida de Juana y otros dos años escribiendo el libro. El título de *Juana de Arco*.

posdata: "Juana de Arco es el libro que más me gusta de todos los que he escrito, y es el mejor..." - Mark Twain. Los 12 años de investigación de Twain se recopilan en *Recuerdos personales de Juana de Arco*. Los dos libros se publicaron el mismo año, en 1896. Louis Kossuth (1802-1894) fue el líder más estimado de la historia húngara. Kossuth compartió lo siguiente sobre la vida de Juana: *"Considere esta distinción única e imponente. Desde que comenzó a escribirse la historia de la humanidad, Juana de Arco es la única persona, de ambos sexos, que ha ostentado el mando supremo de las fuerzas militares de una nación a la edad de diecisiete años".*

Cierto año, el regalo de Navidad de mi padre fue el juego de cintas de casete de Earl Nightingale de su exitoso libro El Secreto Más Raro. A papá le habían servido de gran inspiración sobre cómo aprovechar tus pensamientos y convertirlos en realidad. También en este caso pude sentir la alegría y los escuchaba con bastante frecuencia. Hasta los compartí con un grupo de estudiantes de secundaria de Junior Achievement cuando discutíamos sobre sus sueños y objetivos profesionales.

Como pueden ver, he estado muy abierta a nuevas formas espirituales en mi búsqueda de pruebas. Lo siguiente fue el Tao Te Ching de Lao Tse y Vida y Obra del Precursor en China. Estos libros me abrieron la mente. Ellos nos invitan a ver de verdad y a vivir plenamente: esto es lo que significa ser auténticamente humano.

Conversé con un agricultor ecológico que se esfuerza por devolver a nuestras granjas un suelo prístino, libre de productos químicos. El sitio web de SEPIXA dice: "Creemos que la vida y la salud de nuestro suelo están estrechamente relacionadas con las nuestras". Como pueden imaginar, las empresas químicas presionaron mucho, y sobre todo pudo trabajar en México durante bastante tiempo. Lentamente ha ido ganando impulso a lo largo de las décadas. Él me sugirió que leyera el libro de Peter Tompkins y Christopher Bird "La Vida Secreta de las Plantas". Era fascinante leer sobre la investigación y la ciencia detrás de la actualización de cómo las plantas están vivas y realmente hablan con otra vida vegetal, en su propio lenguaje de amor.

Después vinieron todos los libros de La Profecía Celestina de James Redfield.

La comunicación entre las plantas aparecía incluso en uno de los libros.

Seguí buscando constantemente la alegría en cada nuevo concepto de este viaje.

CAPÍTULO 9

Encontrar a Otros

En 1999, nuestra iglesia inició pequeñas comunidades de fe en nuestros hogares durante la Cuaresma, denominadas Renew (Renovación). Desde entonces, este pequeño grupo de fieles se reúne mensualmente, además de tener sesiones semanales de oración en la iglesia para elevar y sanar a nuestras familias, amigos y al mundo. Renew (Renovación) comenzó con un texto escrito y luego pasó a utilizar las escrituras de la semana siguiente y preguntas de debate en línea. La gente ha entrado y salido, se ha mudado y luego ha regresado, y ha fallecido (pero estamos seguros de que se unen a nosotros mensualmente). Estos son los guerreros de oración como mi abuela. ¡El cielo se da cuenta cuando entramos en grupo!

Aun así, ninguno ha compartido que Dios les habla. Es evidente que hay muchas conversaciones inspiradas, pero nunca he oído: "Me comunico con Dios".

También participé en un grupo de oración de mujeres donde conocí a una mujer sabia de ochenta años. Uf, mi vida nunca volvería a ser la misma. Ella se dio cuenta de que yo era una buscadora y de que estaba sufriendo en un momento dado. Ella me invitó a su casa para un tratamiento de sanación Reiki. También estaba orando en lenguas. ¡Qué momento tan increíble! ¡Otra nueva puerta se había abierto!

Ella me invitó a asistir a reuniones de oración con su grupo de personas místicas de todos los credos, conocidos y desconocidos para mí hasta ahora. Allí había círculos de tambores de los nativos americanos, reuniones de Reiki y meditaciones con cuencos de cristal cantados.

Además, me inicié en la sanación vibracional SomaEnergetics mediante las antiguas frecuencias de la escala de afinación solfeo.

Mi amiga sabia, a la que yo llamaba mi pequeña mística, me contaba muchas historias de su larga vida y de la forma en que Dios la había utilizado en muchos casos diferentes.

Ella hablaba a menudo de trabajar codo con codo con un sacerdote católico, haciendo exorcismos y limpiezas. Hablaba de encontrarse cara a cara con el mal.

Yo viví una experiencia parecida mientras bendecía con agua bendita un edificio en el que trabajaba. El piso empezó a subir y bajar, como si respirara, y me rodearon remolinos y formas opacas. Alguien que dice limpiar espacios de entidades se ofreció a limpiar ese espacio desde lejos. Sí, demasiado raro, ¡pero el suelo respiraba! Aquella noche, en casa, completamente despierta y sintiéndome mal del estómago, mientras corría al baño, algo invisible me golpeó contra la esquina de la pared. Gateé hasta la cama (mi cabeza sangraba sobre la almohada) y pude sentir una burbuja o cúpula de protección sobre mí para cubrirme mientras una legión de ángeles volaba sobre mi burbuja para atacar a lo que estuviera allí. Un sacerdote Católico fue invitado a usar las fuertes oraciones de limpieza para limpiar mi casa y el edificio que había bendecido. Él me pidió que por favor lo llamara primero la próxima vez que sucediera. Mi pequeña amiga mística dijo más tarde: "Bien, ahora sabes exactamente lo que se siente al estar en presencia del mal".

Mi pequeña amiga mística falleció en 2011 y ese grupo espiritual se convirtió en varios pequeños grupos diferentes a medida que cada persona seguía las llamadas de su corazón. Mi nuevo grupito disfrutó escuchando a muchos maestros espirituales diferentes: Eckhart Tolle, Dr. Wayne Dyer, Clarissa Pinkola Estés, y Pema Chodron entre otros. Utilizamos el libro y el CD de conferencias de Caroline Myss, Entrando en el castillo, en el que canalizaba a Santa Teresa de Ávila. Este método de despertar y descubrimiento interno "nos llama a todos a ser místicos sin monasterios en un mundo muy necesitado de un toque de lo divino... el verdadero yo en todos y cada uno de nosotros".

Mi grupo me propuso otro método de sanación energética: El Código de la Emoción, escrito por el Dr. Bradley Nelson. "El Dr. Nelson tiene una extraña habilidad para simplificar lo complejo y enseñar a cualquiera estos métodos de sanación asombrosamente poderosos". Es interesante.

Algunos amigos habían sido guiados al budismo durante un tiempo de sus vidas. Una de ellas se comprometió con la orden de Su Santidad, el XIV Dalai Lama del Tíbet, y completó el periodo de noviciado, asumiendo el compromiso, pero permaneciendo en el mundo. Llevó la túnica y se afeitó la cabeza (signo de humildad) sin dejar de ser contable.

Si quieres saber más, en YouTube encontrarás Kundun, una película sobre la vida del 13º Dalai Lama.

El Dalai Lama solicitó a sus monjes que abrieran una nueva sede, Vihara, en Springfield, Illinois. En el sitio web chanmyayusa.org se puede ver cómo los monjes pasaron días bendiciendo y limpiando el terreno antes de que pudieran comenzar las actividades sagradas. Estos monjes están disponibles para enseñar sus métodos tradicionales de meditación a pie y meditación sentada.

Durante décadas, mis amigos han tenido diferentes monjes como profesores por todo el país. Es muy interesante conocer a gente nueva y preguntar por el viaje de cada uno. Todos somos llamados de diferentes maneras, pero todos nos sentimos atraídos por la unidad que es Dios. No hay separación, no hay dualidad.

Durante nuestras divertidas discusiones, alguien dijo: "Seth dijo...". Preguntamos: "¿Quién?". Bueno, una persona llamada Jane Roberts canalizó un grupo colectivo de no-físicos que se autodenominó Seth. Todo comenzó en 1963 en su casa. Su marido se encargaba de tomar notas. Yo era escéptica, pero seguía intrigada y curiosa, ya que aún no había encontrado a nadie con mis mismas experiencias. Seth reveló mucha información sobre el trabajo de la conciencia colectiva, los planetas, el clima, la curación, y así sucesivamente en más de 20 libros diferentes dictados a través de Jane. Al parecer, hay demasiada información para hacerla pasar por herejía o locura. Jane falleció en 1984. Leí "Habla Seth, la Eterna Validez del Alma".

Actualmente, existe una persona llamada Esther Hicks que está canalizando a un grupo de entidades no físicas llamadas Abraham. Ella describe lo que está haciendo como aprovechar la "inteligencia infinita". Los Abraham se han descrito a sí mismos como: "Una conciencia grupal de la dimensión no física. Somos lo que tú eres. Ustedes son la vanguardia de lo que nosotros somos. Somos lo que está en el corazón de todas las religiones. Siempre que uno siente momentos de gran amor, regocijo o alegría pura, esa es la energía de la fuente/Abraham/Dios". Esther se dedicó a canalizar y tanto ella como su esposo Jerry publicaron su primer libro con Abraham en 2004. Jerry murió en 2011. Esther ha estado recorriendo el país para permitir que cualquier persona interesada se conecte uno-a-uno con Abraham para hacer sus preguntas personales y recibir orientación en los muchos talleres alrededor de los Estados Unidos. Una vez más, esto ha adquirido tanto impulso positivo que es difícil hacerlo pasar por locura o herejía.

CAPÍTULO 10

~ Por Mi Cuenta ~

En 2014 me mudé al Sur de California por varios años. Durante los fines de semana me dedicaba a explorar por mi cuenta. Por supuesto, fui guiada espiritualmente como siempre.

Primero, me encontré por casualidad a las puertas de Paramahansa Yogananda, quien escribió Autobiografía de un Yogui en 1946. El libro me lo había regalado un amigo antes de irme de Illinois. Tras encontrarme en un exuberante Jardín de Meditación en Encinitas, California, oí a alguien decir: "La ermita ya está abierta". Nunca había estado en una ermita (¿qué es una ermita?), fui, subí las escaleras y quién me recibió en un cuadro al óleo, sino el autor del libro que mi amigo había compartido. ¿En serio? Este era el edificio real donde escribió ese mismo libro. Podías ver su estudio, que daba al océano Pacífico, y también su dormitorio. Su linaje espiritual estaba formado por sus maestros reales en la India (Lahiri Mahasaya y Sri Yukteswar) y también por maestros espirituales (Krishna, Mahavatar Babaji y Jesucristo). ¿Cómo es que Jesús había sido uno de los maestros de esta persona hindú? Había un santuario de San Francisco de Asís en el Jardín de la Meditación. Hmm.

Yogananda fue instruido por Dios para trasladarse a América en 1920 para enseñar al mundo occidental cómo meditar. Él viajó por el país dando muchas conferencias diferentes. Incluso en los locos años 20, la gente estaba interesada y escuchaba a un hombre de pelo largo de la India.

Además, tuve el privilegio de visitar su casa y sus jardines en la cima del monte Washington, en Los Ángeles, sede internacional de Self-Realization Fellowship.

En esa época, también recurrí en gran medida a libros, correos electrónicos y sitios web que ofrecían temas nuevos e interesantes. Recuerda que sigo buscando saber por qué Dios trabaja a través de mí y descubrir quién más está en nómina.

En mi viaje conocí a Eckhart Tolle a través de su libro "Una Nueva Tierra, Un Despertar al Propósito de su Vida". ¡Qué historia ha vivido este hombre y sigue compartiendo en su comprensión suave y tranquila que se aprecia y disfruta!

"El Experimento de Rendición" de Michael Singer fue un acercamiento increíble a la vida de rendición total del Sr. Singer frente a cada nuevo desafío que surgía en su vida. Él no se preocupó, simplemente se sumergió en cada momento para permitir a la vida llevarlo a aventuras maravillosas que nunca podría haber orquestado por sí mismo.

Hay House - hayhouse.com - fue muy útil para abrir mi corazón al conocimiento que tenemos de que estamos aquí a propósito. Es una editorial que ofrece libros y productos de autoayuda, inspiración y transformación. Fue fundada por Louise Hay, que falleció a los 90 años en 2017.

Spirit Library - spiritlibrary.com - tiene ofertas diarias a través de correo electrónico por parte de personas que canalizan el mundo no físico. Algunas personas y temas repercuten en mí, y otros no, como para todos nosotros, cada uno estamos llamados de diferentes maneras.

Sounds True - Soundstrue.com - "Muchas voces, un viaje" es el slogan del sitio web. Es aquí donde conocí a muchos de los grandes maestros espirituales de todas las religiones y sus viajes.

Acoustic Health - acoustichealth.com - ofrece a diario Conversaciones Cuánticas de personas que comparten su camino espiritual y lo que más les ha ayudado.

Era of Peace - Eraofpeace.org - "Eres un regalo maravilloso para esta Tierra. El propósito divino de este sitio web es ayudarte a recordar esa profunda verdad durante este importante momento del despertar a medida que cambiamos a la quinta dimensión." El grupo trabaja desde hace más de treinta años compartiendo las verdades de la Madre Tierra.

Light Within Ministries - lightwithin.com - Esta organización, dirigida por David Hulse, ha venido trabajando durante décadas compartiendo profundas verdades espirituales. María Magdalena por Elizabeth Clare Prophet con Annice Booth fue un tema interesante.

The Chopra Center - choprameditationcenter.com - Llevaba bastante tiempo haciendo sesiones de meditación en línea con Deepak Chopra y Oprah Winfrey. Me inscribí en un Día Mundial de Meditación en línea con Deepak y me encontré con que estaba a treinta minutos de mi casa en Carlsbad, California. El Centro se encuentra dentro de un complejo turístico Omni. El día de la experiencia de la Meditación Mundial, se compartió en todo el mundo desde un salón de baile del complejo/centro. La paz que se respiraba durante la meditación no solo era evidente en la sala, sino que los meditadores de todo el mundo informaron de la misma paz. Tras este acontecimiento, me enteré de que el Centro ofrecía una clase de yoga los sábados por la mañana, además de meditación en grupo para los asistentes a retiros de una semana. Pagué por visita y participé cuando pude.

Otro bello lugar muy cercano era el Monasterio Deer Park, "en la gran montaña escondida". Lo fundó el maestro zen Thich Nhat Hanh. Al igual que los chinos expulsaron al Dalai Lama del Tíbet, también expulsaron a Thich Nhat Hanh de Vietnam.

Él abrió el Monasterio Plum Village en Francia y también tiene otros en distintos países, incluido el sur de California. Supe del monasterio de Deer Park cuando un amigo me habló de Thich Nhat Hanh. Busqué el nombre en Google y apareció Deer Park Monastery, que está a menos de treinta minutos de mi casa. Visité la página web y descubrí que los domingos se celebra el Día de la Atención Plena, que consiste en una meditación a pie, una conferencia sobre el dharma en inglés o vietnamita (con traducción por auriculares si es necesario), una sesión de debate en pequeños grupos para compartir el dharma, una meditación silenciosa para almorzar con atención plena y, por último, una meditación de relajación profunda.

Sus alumnos lo llaman cariñosamente Thay (pronunciado Tay o Tie), que en vietnamita significa maestro.

Disfruté de más de una docena de Días de Atención Plena en silencio. Tan refrescante para la mente, el cuerpo y el alma.

Cuando fui por primera vez, utilicé el GPS de mi teléfono. El teléfono me llevó a una calle sin salida en medio de un barrio. Los pobres tienen verjas en sus entradas y grandes carteles que dicen: "Esto NO es el Monasterio de Deer Park". Bueno, entonces metí la dirección en mi fiel GPS Garmin y ¡Bingo!, me llevó directamente a la montaña. Los monjes y monjas ofrecen retiros individuales y familiares de una semana. Ocasionalmente, también organizan retiros diurnos para adolescentes.

Por supuesto, las comidas son veganas. Tienen algunos de los sabores más deliciosos que puedas imaginar. La experiencia de comer o cenar en silencio: utilizar el cubierto o los palillos para dar un bocado, dejar el cubierto, dar gracias a Dios por todos los que han participado en el cultivo, la cosecha y la preparación de la comida que disfrutas en este momento. Tampoco se ofrece ningún tipo de servilleta, para ayudarte a mantener la atención y no llevarte la comida a la boca con la cuchara (la primera sesión/comida fue interesante para este palafrenero). Prestar atención a cada bocado, en silencio, hace maravillas. Cada persona lava sus propios platos.

Una vez que la mayoría ha terminado de comer, suena una campana (todas las campanas significan: ALTO y a disfrutar de este momento hasta que cesen las vibraciones) y comienza la conversación. Normalmente, trataba de sentarme con varias monjas o monjes para que me explicaran sus interesantes vidas. En una ocasión me senté con un monje que nos contó que había sido sacerdote católico. Y claro que lo había sido. Por eso estaba allí.

Se llamaba Hermano Pháp De. Thay lo bautizó con ese nombre (entre risas), que significa "Hermano Joven", porque tenía 68 años cuando se hizo monje y, como sacerdote católico, solían llamarlo Padre. Me contó una breve reseña de su vida (véase tnhtour.org para conocer su historia) y me dijo que Thay le pidió que trabajara con los católicos para difundir las enseñanzas y meditaciones de la atención plena. Él y yo intercambiamos correos electrónicos unas cuantas veces, y después no volví a verlo en el monasterio. Los monjes hacían un "viaje por carretera" anual por Estados Unidos para compartir las enseñanzas de la atención plena. Yo ya llevaba un tiempo sin volver y un día me sentí obligada a consultar la página web para ver si el monasterio estaría abierto el domingo siguiente. Efectivamente, el hermano Pháp De había fallecido. Fue en 2016. Me enteré por una monja de que, cuando estaba en cuidados intensivos, los monjes se turnaban para cantar junto a su cama. Qué imagen tan poderosa. Él había guiado mi primera meditación a pie hasta la cima de la montaña, él iba descalzo. Nunca volví a subir a esa montaña en meditación a pie hasta el domingo siguiente a su fallecimiento.

En 2018 llegó al país una película, *Walk With Me* - walkwithmefilm.com - en la que aparecen Thich Nhat Hanh y también el Hermano Pháp De. La película presenta el Monasterio Plum Village en Francia y finaliza en el Monasterio Deer Park en Escondido, California. Nada indica el cambio de ubicación, salvo los enormes peñascos en las laderas de las montañas y que parecen a punto de rodar como canicas, es decir, la montaña californiana. Thay no se encontraba bien desde hace algún tiempo tras sufrir un derrame cerebral en 2014, y falleció en 2022.

Si escuchas en YouTube *el Canto de la Gran Campana (el fin del sufrimiento)* con la foto de la Tierra desde el espacio (7:14 min), esa es la sensación que proporciona el Monasterio de Deer Park durante un Día de Atención Plena.

Ya llegué, estoy en casa, aquí y ahora.

Ya llegué, estoy en casa, aquí y ahora.

Soy fuerte, soy libre, soy fuerte, soy libre.

En lo último habito, en lo último habito.

Clasificados y ordenados, los humanos tienen grupos o comunidades para rezar, hacer deporte, voluntariado, educación, etc. Sí necesitamos comunidades religiosas. Porque somos humanos y necesitamos compañía en nuestro camino. Sin embargo, creo que cada viaje es diferente y deberíamos sentirnos cómodos cambiando de comunidad de vez en cuando. Los objetivos y los caminos cambian constantemente. No nos atamos a ninguna historia.

Por ejemplo, en la comunidad del Monasterio de Deer Park, cada persona medita a diario y está en contacto con Dios todos los días. Viven en comunidad con líderes, consejos y comités. Todos están en comunión con Dios y son respetados y apreciados por lo que aportan al conjunto de la comunidad. Todos están comprometidos.

Esta no es la mejor opción para todos. Es una vida dura. La comunidad se encarga de las necesidades físicas de cada persona, tú no dispones de nada. Cuando no se dedican a atender a los demás o a planificar eventos, están constantemente en oración/silencio por el mundo. Eso es lo que significa ser contemplativo.

Religioso y espiritual tienen significados diferentes. Carolyn Myss nos dice que debemos ser místicos sin monasterios. Espiritual es otra palabra para místico. La orientación personal por Dios es libre, pero no estamos destinados a estar solos. Estamos destinados a compartir nuestros dones personales para un bien mayor, para la alegría del viaje.

CAPÍTULO 11

Las Preguntas Actuales Han Sido Contestadas

Al poco tiempo de regresar a Illinois, descubrí la Sociedad Teosófica de América en Wheaton, Illinois. Por casualidad estaban celebrando el TheosoFest anual, Festival Mente-Cuerpo-Espíritu. Me paseé arriba y abajo y por todas partes disfrutando de muchas ideas antiguas y nuevas (para mí).

Mientras caminaba por la Quest Book Store - questbookshop.org

- la cual se encuentra en las instalaciones de la Sociedad Teosófica, recorrí los pasillos en busca de algo nuevo que leer. Por la noche no tenía acceso a la televisión y un libro nuevo me parecía estupendo. Como es habitual, uno prácticamente saltó del estante a mis manos, provocándome una risita. Ana, abuela de Jesús, de Claire Heartsong. Me había convertido en abuela recientemente y esto me parecía apropiado y divertido. Este libro fue canalizado por mi tocaya de Confirmación. Ella fue capaz de compartir muchos hechos de la vida de la Santísima Madre y de la vida de Jesús también. Hermoso y amoroso, lleno de sabiduría y coraje.

La continuación del libro Ana es Ana, la Voz de las Magdalenas, escrito por Claire Heartsong y Catherine Ann Clemett. "Este libro incluye mensajes y energías relevantes e inspiradores para despertar el amor y experimentar la alegría en este tiempo de gran caos. Escrito para ayudar a todos a comprender la importancia vital de alzar la voz femenina divina suprimida para que todos los seres puedan florecer y ser llevados a la armonía y el equilibrio."

CAPÍTULO 12

Un Trabajo que Realmente es Un Juego

Durante el invierno de 2017-18, me enfermé de la gripe que estaba matando a la gente. Sí, tenía la vacuna de la gripe. Aun así, así estaba yo. Estando en la cama sin poder moverme. Durante más de un mes, me levantaba y luego me volvía a poner en modo "siento que me muero". De verdad, daba mucho miedo. Muchos niños y adultos de todo el país se estaban muriendo literalmente.

Regresé a la consulta médica para una segunda dosis de medicación. Cuando esto tampoco "eliminó el germen", llamé a la consulta para ver si debía volver. Me dijeron: "No podemos hacer nada más por usted". ¿Qué? ¿Qué podía significar eso? Me dijeron que llamara a la oficina de salud de mi condado. ¿Para qué, para convertirme en una estadística cuando me muera?

Un amigo me contó algunos métodos holísticos, hice mis compras y empecé el tratamiento. Por fin me estaba recuperando.

Las siguientes instrucciones que recibí fueron terminar el libro que había empezado muchos años antes. Me dijeron que nada avanzaría en mi vida hasta que terminara ese libro (la primera edición). Por fin comprendí que debía experimentar y dar a conocer muchos conceptos nuevos. Todas las personas deben sumergirse en algo nuevo que les haga eco. Como ves, no se trata de religión, todo es para tu más alto progreso espiritual.

En 2018 trabajé de principio a fin durante cinco meses. Agradezco en 2022 la oportunidad de crear esta segunda edición con Pen Culture Publishing. Al escribir la primera edición, me sentía muy nerviosa por compartir aquello de lo que podrían burlarse de mí o algo peor. Pen Culture me dio la confianza para compartir lo que realmente me gustaría que ustedes supieran, y que está absolutamente disponible para todas las personas. Espero que lo disfruten.

Yo seguiré haciendo preguntas y seguiré sintiendo curiosidad por saber cómo gira este mundo sin parar. Es una época fabulosa para estar vivo. Mi búsqueda continúa.

CAPÍTULO 13

Novedades de la Segunda Edición

Hola, de nuevo, tengo la oportunidad de cambiar de editorial, crear una segunda edición de mi pequeño libro llena de aún más amor, y compartir un poco de lo que, 1) no compartí la primera vez porque no estaba preparada para hablar de ello, y 2) novedades y cosas nuevas desde 2018.

Antes no me sentía cómoda al compartir que hablo con muchas personas que han fallecido. Ellos a veces me buscan, especialmente en sus funerales. Al parecer, buscan a alguien con quien hablar y se fijan en mí. Si quieren toda mi atención, meten su espíritu/alma en mi cuerpo. Me "siento" más pesada de lo habitual. Creo que quieren que me quede quieta para poder hablar, y me tendré que quedar para escuchar o hacerles caso. Se trata de almas que realmente no me conocen bien. Si son familiares o amigos, vienen a hablar y se quedan o pasan el rato. Ellos saben que me encanta su compañía. Pero la mayoría son invisibles. ¿Recuerdas que le dije a Dios que no quería que aparecieran muertos delante de mí? Pues se ha cumplido.

El hijo de mi amigo falleció de una sobredosis en sus días de universidad. En la iglesia hicimos una ceremonia conmemorativa, que se realiza todos los años en noviembre. Me senté junto a su madre. Él se colocó en mi sitio (con peso y todo) y me dijo: "Dale un golpe en el brazo a mi madre". Telepáticamente le dije: "No, se reirá o llorará histéricamente o me devolverá el golpe. No vamos a causar ningún alboroto en esta solemne ceremonia". Se lo conté a su madre después (ella ya sabía qué me ocurrían cosas raras) y me dijo: "Oh, pudiste hacerlo. Mi hijo a veces me despeina cuando estoy limpiando su habitación. Antes me pegaba siempre en el hombro. Dime siempre si sabes algo de él". Su madre falleció en 2022. A lo largo de los años recibí varios mensajes bonitos escritos para ella sobre su hijo.

El Domingo de Pascua, en la Misa de 1996, un espíritu atravesó el frente de la iglesia y se metió en mi cuerpo. Vi venir a ese espíritu. Sentí como si quisieran utilizar mi cuerpo para experimentar todo lo bello de la Pascua, es decir, el incienso, las flores, la música, etc. Ellos no me hablaron, pero se sintió como una persona masculina queriendo experimentar su antigua iglesia durante la Pascua. Después se fueron igual de rápido sin comunicarse. Me pregunto si aún tenemos nuestros cinco sentidos después de haber fallecido...

Aquel mismo día, durante la consagración de la misa, un círculo de ángeles comenzó a danzar sobre el altar. Yo podía verlos. Eran muy altos y me invitaron a acompañarlos. Todos dábamos un par de pasos, luego nos inclinábamos juntos hacia la derecha o hacia la izquierda, luego un par de pasos más, etc. Sin palabras para describir la música, la melodía cadenciosa.

Una tarde estaba en el supermercado comprando algunos productos. Daydream Believer, cantada por Davy Jones, miembro del grupo musical y programa de televisión de los Monkees, empezó a sonar en la radio y varios de los que estábamos cerca empezamos a cantarla en voz baja y a sonreírnos unos a otros. Continué cantando después de pagar y dirigirme a mi auto. Escuché la voz de Davy, con acento británico, que decía: "Gracias por mantener vivo mi recuerdo en su libro". Le dije que era un placer. Mi corazón se derritió.

Cuando mi esposo estaba en cuidados paliativos con cáncer en 2020, pude visitarlo, besarlo y expresarle que siempre lo amé. Ya no podía hablar, pero me dijo que lo entendía. Falleció uno o dos días después y me visitó en el trabajo. Primero me dijo que lo sentía (cosa que nunca pudo decirme en vida) y luego me invitó a bailar. Nos encantaba bailar juntos, pero cuando lo invitaba a bailar en casa, siempre decía que no. Así que entonces bailábamos en espíritu. Encantador.

Unos grandes amigos, un hombre y su mujer tenían cáncer. Él se hizo cargo del cáncer de ella durante un tiempo para aliviar su sufrimiento y luego falleció él primero. Antes de que se fuera, le dije que él sería totalmente capaz de volver loca a su esposa después de que él se hubiera ido. No fue así, pero llegó a bailar con ella en sueños y ella podía sentir a menudo su presencia.

Cuando falleció su esposa, todos estábamos en su funeral lamentándonos porque era una persona tan maravillosa y tonta, y todos la extrañaríamos mucho. Llegó el momento de pasar al frente de la iglesia para comulgar y, cuando se acercaba la hora, la oí decirme: "Anímese, señorita, no puede pasar llorando así junto a mi familia". A ella no se le podía llevar la contraria. Ni siquiera me llevé un Kleenex.

Todos los que fallecen quieren hablar contigo. No desean asustarte en absoluto, así que hacen todo lo posible para que sepas que están cerca. Te mueven el pelo, te dan un golpecito en el hombro, ponen una canción en la radio, etc. Todos los seres queridos que se han ido son capaces de hablar con cualquiera que se sienta cómodo. Es un gran honor, empieza a permitirlo. El velo entre el cielo y la tierra es muy fino.

Cuando pides ayuda, es escuchada y concedida. Cuando una impresora o una computadora no funcionan, invoca a San José Obrero. Si tu iPhone o iPad no funcionan, Steve Jobs es el indicado. ¿Por qué no recurrir a alguien capaz e interesado en ayudarte con lo que fue el trabajo de su vida? Siguen interesados en los mismos temas y quieren ayudarnos a todos. No necesitan hablar contigo y encontrarán formas únicas de compartir ideas contigo. La radio y los anuncios publicitarios son un método muy fácil que te sorprende y te hace reír mucho... o a carcajadas.

En 2020 por fin encontré a más de los míos. crimsoncircle.com - Crimson Circle es un "grupo mundial de humanos involucrados en este viaje espiritual, que también están aquí como estándares y ejemplos para otros en el viaje".

CAPÍTULO 14

Perdidos en el Espacio

Hay otro recuerdo que ha aparecido y que me parece importante. Hace años, le preguntaba a Jesús por qué se producía todo mi caos. Tomados de la mano, despegamos. Ascendimos fácil y suavemente a través de la atmósfera terrestre, pasamos junto a la luna y luego nos adentramos en el universo. Jesús me soltó la mano y desapareció.

Asustada y sintiéndome perdida (pero no abandonada), respiré hondo y recordé: "Siempre estoy contigo". No había Vía Láctea ni rastro de la Tierra.

¿Dónde debía aterrizar a continuación? Mi decisión sería totalmente aceptable.

Opté por volver a la razón por la que "llegué" a la Tierra, por seguir "el plan" aunque permaneciera en secreto.

El hecho de trabajar directamente a las órdenes de Dios me ha permitido comprender (aunque no siempre a la primera) la esencia de las situaciones desde la perspectiva de cada persona.

Cada "misión" ha sido más compleja e interesante. Entre los beneficios que he obtenido se encuentran el hacerme más fuerte, más cariñosa y comprensiva, más resistente y estar segura de que estoy cumpliendo "el plan" al que me apunté al principio.

Cuando me embarco en cada nueva "misión", llego y empiezo a hacer brillar mi luz. Inmediatamente, cada persona a mi alrededor se convierte en un libro de fácil lectura. ¿Cada uno se ablandará en la hermosa transformación amorosa como una mariposa que emerge de un capullo? ¿O se resistirá?

Alguien que se resiste puede aferrarse a un programa que no se deja de lado fácilmente. Luego podría parecer que se esfuerzan por ganar seguidores para sentirse reforzados en su ideología. Suele tratarse de personas que buscan el poder fuera de sí mismas. Al final aprenderán que el poder es una ilusión y que no hay necesidad de intentar arrebatar el poder a los demás. El temor está en la base de las luchas por el poder.

William Shakespeare escribió: "Todo el mundo es un escenario y todos los hombres y mujeres, meros actores".

Por suerte, yo soy un actor en "el plan" y no tengo ningún control sobre el resultado de los demás. Ojalá los rastros que deje tras de mí incluyan bondad y alegría, paz, esperanza y amor como beneficio duradero. Sin embargo, no importa, avanzo libre y fácilmente.

En la enorme mezcla de conciencias colectivas no podemos comprender nuestro lugar ni nuestro plan en ese caos confuso. Cuando salimos al cosmos para darnos cuenta de que cada uno de nosotros está aquí por una razón y es importante, nos resulta un poco más fácil alejarnos de la conciencia colectiva para decidir nuestros próximos pasos dentro de "tu plan".

El hecho de estar aquí en este momento no es para cobardes. Basta de juzgar, participa en conversaciones para aprender sobre los demás y para compartir con los demás. Todos estamos formados a partir de la esencia de lo divino. La chispa de cada persona es única y preciosa. No luchamos contra nada ni contra nadie. Cada uno de nosotros se está transformando para eventualmente hacer "cha-cha" con cada entidad divina al otro lado del velo.

Hasta que llegue ese momento, hagamos "cha-cha" en este lado con amor divino. Escucha la canción de tu alma y escucha el canto de tu corazón, si te sientes perdido en el espacio, respira hondo, entra en tu corazón y recuerda por qué querías estar en la Tierra en este momento. Presta atención a la canción de tu alma y tus compañeros de baile te tomarán de la mano para dar los siguientes pasos.

Todo va bien en toda la creación.

CAPÍTULO 15

Todo es Tuyo

Sí, estimado lector, ahora es todo tuyo. Me ha costado años determinar por qué iba a experimentar y reunir toda esta información. Solía escribir un poco, luego lo dejaba a un lado y volvía para ajustar un poco aquí y allá. Entonces pensaba: ¿por qué querría alguien leer lo que yo he vivido?

Winnie the Pooh salió arrastrándose del arbusto de tojo, se quitó las espinas de la nariz y empezó a pensar de nuevo. Winnie the Pooh dijo: "Piensa, piensa, piensa". De Winnie the Pooh y el árbol de la miel.

Y la primera persona (él) en la que pensé fuiste tú, Querido. Tienes que recibir toda la salvaje y loca información espiritual que me ha llegado a lo largo de todos estos años, buscando el cómo y por qué Dios empezó a hablarme. Tú y yo somos uno. Cada uno tan especial como el otro. Escoge las piezas que quieras explorar. ¡Salta con los dos pies!

Al principio dije: "Cada tema de este libro es natural para alguien. Nada, ni una sola palabra, tiene la intención de provocar otra cosa que no sea Amor... Respeto ese hecho y pido que tú también seas respetuoso y considerado y amoroso".

Este ha sido un camino extremadamente difícil que no deseo verte recorrer. Sé muy bien que cada uno de nosotros es amado por un amor eterno e ilimitado. He vivido experiencias que me han enseñado que nadie deja de ser querido por Dios. No hay razón para juzgar a nadie, cada uno es importante en la gran obra maestra.

Por favor, inicia tus conversaciones personales con nuestro Dios/Creador/Espíritu/Fuente. Sea cual sea la forma más fácil de ponerse en contacto contigo sin asustarte, es lo que Dios y la multitud de seres, ángeles y ancestros te recomiendan. Todos y cada uno de los que están ahí fuera te hablarán o te darán señales extravagantes para hacerte reír. Están preparados y desean que tranquilices tu mente, te pongas a meditar y disfrutes de las maravillas. Te prometo firme y seriamente que vale la pena dedicar una o dos o tres semanas a meditar quince minutos al día y que tu mundo llegará a ser increíble. Esta prescripción diaria te ayudará a centrarte durante el día y a preparar todo tu flujo de energía para recibir y contribuir a este maravilloso mundo.

Al principio, es posible que te asustes cuando sepas que te están hablando y que el pensamiento no proviene de tu cerebro. Como decía un sacerdote católico: "La voz suele parecerse a la voz de tu cabeza". Esa es la parte difícil. Aprenderás a distinguir con el tiempo cuál es tu pensamiento y cuál ha sido regalado. No te pongas en acción si te dan una directiva, hasta que estés absolutamente seguro de que ha llegado el momento y de que es para ti. Si yo no estoy segura, incluso hoy, pido tres señales y digo: "Por favor, haz que sea muy claro".

Si recibes algo que no sea 100% absolutamente positivo y amoroso y amable, suéltalo y empieza de nuevo, porque Dios es Amor.

"En verdad, en verdad os digo: el que cree en mí, las obras que yo hago, él las hará también; y aún mayores que estas hará, porque yo voy al Padre. Y todo lo que pidáis en mi nombre, lo haré, para que el Padre sea glorificado en el Hijo. Si me pedís algo en mi nombre, yo lo haré.". (Juan 14:12-14 LBLA).

REFERENCIAS

LIBROS

Brinkley, Dannion – *Salvados por la Luz*, 1994 Harper Collins Publishers

Burpo, Todd with Vincent, Lynn – *El Cielo es Real*, 2010 ThomasNelson Inc.

Carroll, Lewis and Gardner, Martin – *Las Aventuras de Alicia en el País de las Maravillas y A Través del Espejo.*, 1960 Penguin Publishing Group

Eadie, Betty J. – *He Visto La Luz*, 1992 Gold Leaf Press

Emmerich, Anne Catherine – *La Vida de Jesucristo y las Revelaciones Bíblicas*, 1986 Tan Books and Publishers, Inc.

Freze, Michael – *They Bore the Wounds of Christ: The Mystery of theSacred Stigmata*, 1989 Our Sunday Visitor Publishing

Hanh, Thich Nhat – *Nuestro Verdadero Hogar*, 2011 Shambhala Publications,Inc.

Heartsong, Claire – *Ana, La Abuela de Jesús: Un Mensaje de Sabiduría y Amor*, 2002 Hay House, Inc.

Heartsong, Claire with Clemett, Catherine Ann – *Ana, la voz de las Magdalenas*, 2010 S.E.E. Publishing

Hicks, Esther and Hicks, Jerry – *Entrar en el Vortex*,

2010 Hay House, Inc.

Santa Biblia – Nueva Versión Estándar Revisada 1989, Edición Católica

Mazzoleni, Mario – *Un Sacerdote Católico Conoce a Sai Baba*, 1994 Leela PressInc.

Myss, Caroline – *Desafiar la Gravedad*, 2007 Free Press

Myss, Caroline – *El Contrato Sagrado*, 2002 Potter/Ten Speed/Harmony

Nelson, Bradley – *El Código de la Emoción*, 2007 Wellness Unmasked Publishing

Prophet, Elizabeth Clare with Booth, Annice – *María Magdalena*, 2005 Summit Publications, Inc.

Redfield, James – *La Profecia Celestina: Una Aventura*, 1993 Warner Books, Inc.

Roberts, Jane – *Habla Seth: La Eterna Validez Del Alma*, 1972 Am-ber-Allen Publishing and New World Library

Savoury, Kalie – *Winnie the Pooh Y el Árbol de la Miel*, 1966 Ladybird Books, Ltd.

Singer, Michael A. – *El Experimento Rendición*, 2015 Harmony Books

Tolle, Eckhart – *Una Nueva Tierra: Un Despertar al Propósito de su Vida*, 2005 Penguin Group, Inc.

Tompkins, Peter with Bird, Christopher – *La Vida Secreta de las Plantas*, 1973 Harper & Row Publishers

Tse, Lao – *Vida y Obra del Precursor en China*, 1996 Grail Foundation Press

Tsu, Lao – *Tao Te Ching*, 1989 Vintage Books Twain, Mark – *Juana de Arco*, 1896 Harper & Brothers

Twain, Mark – *Recuerdos personales de Juana de Arco*, 1896 Harper & Brothers

Vardey, Lucinda compiled – *Meditaciones de la Madre Teresa desde un Camino Simple*, 1996 Ballantine Books

Yogananda, Paramahansa – *Autobiografía de un Yogi*, 1946 Self-Realization Fellowship

TELEVISIÓN

CBS – 60 Minutes, Domingo, 11 de marzo, 2018, 6:00pm CDT Oprah Winfrey analizó los efectos de los traumas infantiles

EWTN

-El Dr. Timothy O'Donnell, presidente del Christendom College de Virginia, realizó una serie semanal sobre el Sagrado Corazón de Jesús en la década de 1990.

-Penny y Bob Lord realizaron vídeos sobre la vida de los santos en sus ciudades natales de todo el mundo, los lugares donde la Madre María apareció en apariciones, y una serie sobre los milagros de la Eucaristía en la década de 1990.

- Michael Freze habló de su libro *They Bore the Wounds of Christ: The Mystery of the Sacred Stigmata*

The Monkees - Davy Jones cantó el tema principal - *Daydream Believer* escrito por John Steward, *1967 #1 en la lista U.S. Billboard Hot 100*

OPRAH – Harpo Productions

He Visto la Luz episodio con Betty Eadie. Transcripción comprada.

SITIOS WEB

Abraham-Hicks.com - Abraham se ha descrito a sí mismo como "una conciencia grupal de la dimensión no física".

acoustichealth.com - Las conversaciones cuánticas para las altas vibraciones y las nuevas creaciones terrestres.

akiane.com - Akiane Kramarik es una artista dedicada a las pinturas sagradas.

chanmyayusa.org - Monjes budistas de Birmania abrieron una vihara en Springfield, Illinois.

choprameditationcenter.com - Deepak Chopra y Oprah Winfrey presentan oportunidades de meditación de veintiún días varias veces al año.

communityworks.info/hopi.htm - A Hopi Elder Speaks por un anciano Hopi anónimo de la Nación Hopi de Oraibi, Arizona.

crimsoncircle.com - Grupo de seres humanos que participan en este viaje espiritual, que también están aquí como normas y ejemplos para otros en el viaje.

deerparkmonastery.org - Día de la Atención Plena en Escondido, California.

Eraofpeace.org - "Eres un regalo maravilloso para esta Tierra. La divina finalidad de este sitio web es ayudarte a recordar esa profunda verdad".

Hayhouse.com - Publica libros y productos de autoayuda, inspiración y transformación, creada por Louise L. Hay.

Kundun en YouTube - Película sobre el 13º Dalai Lama realizada por Martin Scorsese.

lightwithin.com - Un ministerio no confesional dirigido por David Hulse, famoso en el mundo del nuevo pensamiento.

questbookshop.org - Librería de la Sociedad Teosófica en Wheaton, Illinois.

sathyasai.org - Tres encarnaciones en la India.

sepixa.com - SEPIXA trabaja por una agricultura sostenible a través de los microbios del suelo, la agricultura regenerativa, la agricultura del carbono y la restauración del equilibrio con la tierra.

Somaenergetics.com - SomaEnergetics y diapasones que es una serie de técnicas vibratorias de sonido utilizando el poder de las antiguas frecuencias del solfeo, que afecta a nuestra epigenética; el ADN que se ve afectado por el estilo de vida y el medio ambiente.

Soundstrue.com - "Muchas voces, un solo viaje".

Spiritlibrary.com - Ofrendas diarias de muchos que canalizan lo no físico.

El Canto de la Gran Campana en YouTube - Thich Nhat Hanh. tnhtour.org - Lee sobre la vida del Hermano Pháp De.

walkwithmefilm.com - Thich Nhat Hanh comparte la atención plena al estilo monástico.

GRABACIONES

Estés, Clarissa Pinkola – *el Amor Inmaculado de la Madre Bendita por el Alma Salvaje*, 2011 Sounds True

Hicks, Esther and Hicks, Jerry, – *Como Entrar al Vortex*, 2010 Hay House, Inc.

Myss, Caroline – *Desafiar la Gravedad*, 2007 Hay House, Inc.

Nightingale, Earl – *El Secreto Más Raro*,

1956 recordings Nightingale-Conant Corporation

PELÍCULAS

La Pasión de Cristo, 2004, Dirigida por Mel Gibson.

TEATRO

Como Gustéis – interpretado por William Shakespeare (Acto 2, Escena 7)

EXPOSICIONES

Museo Field de Chicago: Exposición Itinerante de los *Rollos del Mar Muerto*.

SANACIÓN ENERGÉTICA ALTERNATIVA

Meditación con Tazones de Cristal para Chakras - Esta es una forma de sanación vibracional, la cual confirma que todo en el universo está en un estado de vibración.

Círculos de Tambores - Grupo que crea y comparte una experiencia rítmica, melodiosa y armoniosa, no es necesario tener experiencia.

Código de Emociones - Libera tus emociones retenidas para lograr abundante salud, amor y felicidad.

Orar en Lenguas también Orar en el Espíritu - uno de los dones del Espíritu Santo enumerados en la Biblia (1 Corintios 14:14-15).

Reiki - Una técnica japonesa para la reducción del estrés y la relajación que también promueve la curación.

UN ANCIANO HOPI HABLA

"Has estado diciéndole a la gente que esta es la Undécima Hora, ahora debes volver y decirle a la gente que esta es la Hora. Y hay cosas que deben ser consideradas...

¿Dónde vives?

¿Qué haces?

¿Cuáles son tus relaciones?

¿Estás bien relacionado?

¿Dónde está tu agua?

Reconoce tu jardín.

Es hora de decir tu verdad.

Crea tu comunidad.

Sé bueno con los demás.

Y no busques fuera de ti al Líder."

Luego juntó las manos, sonrió y dijo: "¡Puede ser un buen momento!".

"Hay un río que fluye muy rápido ahora. Es tan grande y rápido que hay quienes tendrán miedo. Intentarán aferrarse a la orilla. Se sentirán desgarrados y sufrirán mucho".

"Sepan que el río ya tiene su destino. Los ancianos dicen que debemos desprendernos de la orilla, adentrarnos en medio del río, mantener los ojos abiertos y la cabeza fuera del agua". Y yo digo: mira quién está ahí contigo y festéjalo. En este momento de la historia, no debemos tomarnos nada personalmente, y menos a nosotros mismos. En el momento en que lo hagamos, nuestro crecimiento espiritual y nuestro viaje se detendrán.

"El tiempo del lobo solitario ha terminado. ¡Reúnanse! Destierren la palabra "lucha" de su actitud y de su vocabulario. Todo lo que hagamos ahora debe hacerse de forma sagrada y en celebración.

"Somos los que hemos estado esperando".

--atribuido a un anciano Hopi anónimo
Nación Hopi
Oraibi, Arizona

www.ingramcontent.com/pod-product-compliance
Lightning Source LLC
LaVergne TN
LVHW041538060526
838200LV00037B/1046